O problema da *dor*

Tradução:
Francisco Nunes

O problema da *dor*

C. S. LEWIS

Edição *especial* |  THOMAS NELSON
BRASIL

Título original: *The Problem of Pain*

Copyright © C. S. Lewis Pte Ltd 1940. Todos os direitos reservados.
Edição original por HarperCollins *Publishers*. Todos os direitos reservados.
Copyright de tradução © Vida Melhor Editora LTDA., 2021.

Os pontos de vista desta obra são de responsabilidade de seus autores e colaboradores diretos, não refletindo necessariamente a posição da Thomas Nelson Brasil, da HarperCollins Christian Publishing ou de sua equipe editorial.

Publisher	*Samuel Coto*
Editor	*André Lodos Tangerino*
Preparação	*Hugo Reis*
Revisão	*Davi Freitas* e *Daila Fanny*
Diagramação	*Sonia Peticov*
Capa	*Rafael Brum*

Este livro foi impresso pela Pancrom, em 2021, para a Thomas Nelson Brasil. O papel do miolo é pólen soft 80g/m2, e o da capa é cartão 250g/m2.

Dados Internacionais de Catalogação na Publicação (CIP)
(BENITEZ CATALOGAÇÃO ASS. EDITORIAL, MS, BRASIL)

L652p
  Lewis, C.S, 1898-1963
  O problema da dor / C.S. Lewis; tradução de Francisco Nunes. — 1.ed. — Rio de Janeiro: Thomas Nelson Brasil, 2021.
  208 p.; 13,5 x 20,8 cm.

  Título original: *The problem of pain*.
  ISBN 978-65-56892-20-7

1. Depressão.   2. Dor.   3. Morte — Aspectos religiosos.   4. Saúde mental.
5. Religião.   I. Nunes, Francisco.   II. Título.

05-2021/61   CDD: 248.4

Índice para catálogo sistemático:
1. Dor: Aspectos religiosos 248.4

Bibliotecária responsável: Aline Graziele Benitez CRB-1/3129

Thomas Nelson Brasil é uma marca licenciada à Vida Melhor Editora LTDA.

Todos os direitos reservados à Vida Melhor Editora LTDA.
Rua da Quitanda, 86, sala 218 — Centro
Rio de Janeiro — RJ — CEP 20091-005
Tel.: (21) 3175-1030
www.thomasnelson.com.br

O problema *da dor*

Clive Staples Lewis (1898-1963) foi um dos gigantes intelectuais do século XX e provavelmente o escritor mais influente de seu tempo. Era professor e tutor de literatura inglesa na Universidade de Oxford até 1954, quando foi unanimemente eleito para a cadeira de Inglês Medieval e Renascentista na Universidade de Cambridge, posição que manteve até a aposentadoria. Lewis escreveu mais de 30 livros que lhe permitiram alcançar um vasto público, e suas obras continuam a atrair milhares de novos leitores a cada ano.

Para *The Inklings**

**The Inklings* era um grupo literário da Universidade de Oxford que incluía, entre outros, Owen Barfield, Charles Walter Stansby Williams, Tolkien e Lewis. (Todas as notas de rodapé identificadas com * são do tradutor. As demais são da edição original.)

"O Filho de Deus [...] sofreu até a morte, não para que os homens não sofressem, mas para que os sofrimentos deles fossem iguais aos seus."

GEORGE MACDONALD,
*Unspoken Sermons, First Series**

---

*George MacDonald (1824–1905), escritor, poeta e ministro cristão escocês. Exerceu grande influência sobre Lewis, tornando-se seu orientador na fé. A série Unspoken Sermons [Sermões não pregados] foi de extrema importância para a fé de Lewis, "ajuda às vezes indispensável", disse ele, "para a própria aceitação da fé cristã". A epígrafe é retirada do sermão "The Consuming Fire" [O fogo consumidor], sobre Hebreus 12:29.

SUMÁRIO

Prefácio 11

Capítulo 1 | Conceitos introdutórios 17

Capítulo 2 | Onipotência divina 35

Capítulo 3 | Bondade Divina 49

Capítulo 4 | Maldade humana 73

Capítulo 5 | A Queda do homem 91

Capítulo 6 | A dor humana 117

Capítulo 7 | A dor humana (continuação) 145

Capítulo 8 | Inferno 157

Capítulo 9 | Dor animal 171

Capítulo 10 | Céu 191

Apêndice 203

PREFÁCIO

Quando o sr. Ashley Sampson[1] me sugeriu escrever este livro, pedi-lhe que me permitisse escrevê-lo anonimamente, pois, se eu fosse dizer o que de fato penso sobre a dor, eu seria forçado a fazer declarações de tal força aparente que se tornariam ridículas caso alguém soubesse quem as fez. O anonimato foi rejeitado por não combinar com a série, mas o sr. Sampson ressaltou que eu poderia escrever um prefácio explicando que não vivi de acordo com meus próprios princípios! É este estimulante plano que agora coloco em ação. Permitam-me confessar de uma vez, nas palavras do bom Walter Hilton,[2] que ao longo deste livro "sinto-me

---

[1]*Ashley Sampson (1900–1947), editor inglês, um dos primeiros a publicar escritos de Lewis. Como resultado da ampla aceitação de *O problema da dor* (que teve cinco reimpressões no ano de lançamento e tornou-se parte da coleção *Christian Challenge* [Desafio cristão], idealizada por Sampson), Lewis foi convidado a dar uma série de palestras na BBC de Londres, as quais foram posteriormente compiladas em seu clássico *Cristianismo puro e simples* (Rio de Janeiro: Thomas Nelson Brasil, 2017. Tradução de Gabriele Greggersen).

[2]*Walter Hilton (c. 1340–1396), escritor devocional e místico inglês. Sua principal obra foi *The Scale* (ou *Ladder*) *of Perfection* [A escala (ou escada) da perfeição], em dois volumes, que se tornou um clássico devocional até o início do século 16.

tão distante do verdadeiro sentimento de que falo, que nada mais posso senão clamar por misericórdia e desejá-la como posso".[3] No entanto, por essa mesma razão, há uma crítica que não pode ser feita contra mim. Ninguém pode dizer: "Só ri das cicatrizes quem ferida nunca sofreu no corpo",[4] pois nunca, por um momento, estive em um estado de espírito em que mesmo a imaginação de uma dor grave fosse menos do que intolerável. Se alguém está a salvo do perigo de subestimar esse adversário, esse sou eu. Devo acrescentar, também, que o único propósito deste livro é resolver o problema intelectual levantado pelo sofrimento; para a tarefa muito mais elevada de ensinar fortaleza e paciência, nunca fui tolo o suficiente para supor que estava qualificado, nem tenho nada a oferecer a meus leitores, exceto minha convicção de que, quando a dor deve ser suportada, um pouco de coragem ajuda mais do que muito conhecimento, e um pouco de simpatia humana, mais do que muita coragem, e o ínfimo traço do amor de Deus, mais do que tudo.

Se qualquer teólogo de verdade ler estas páginas, verá facilmente que são obra de um leigo e de um amador. Exceto nos dois últimos capítulos, partes dos quais são admitidamente especulativas, acredito reafirmar doutrinas antigas e ortodoxas. Se alguma parte deste livro é "original", no sentido de ser nova ou heterodoxa, é contra

---

[3] *Scale of Perfection* I, XV. [*No original, Lewis cita equivocadamente o cap. XVI e apresenta uma versão resumida do texto de Hilton.]
[4] *William Shakespeare, *Romeu e Julieta*, Ato II, Cena II (tradução de Carlos Alberto Nunes).

a minha vontade e por causa da minha ignorância. Eu escrevo, é claro, como um leigo da Igreja da Inglaterra, mas não tentei assumir nada que não seja professado por todos os cristãos batizados e comungantes.

Como este não é um trabalho de erudição, abri mão de me esforçar muito para remontar ideias ou citações até suas fontes quando elas não eram facilmente recuperáveis. Qualquer teólogo verá facilmente o que, e quão pouco, li.

C. S. LEWIS
Magdalen College, Oxford, 1940

> *"Admiro a ousadia encontrada nessas pessoas ao falarem de Deus dirigindo os seus discursos aos ímpios. Em um tratado endereçado aos infiéis eles começam com um capítulo que prova a existência de Deus a partir das obras da Natureza [...] o que apenas lhes dá motivo de crer que as provas da nossa religião são bem fracas [...] É uma coisa admirável que nunca um autor canônico se tenha servido da Natureza para provar Deus."*
>
> PASCAL, *Pensamentos*, Artigo XIV, I, III[1]

---

[1]*Blaise Pascal (1623–1662), matemático e filósofo francês.

CAPÍTULO 1

Conceitos introdutórios

Não muitos anos atrás, quando eu era ateu, se alguém tivesse me perguntado: "Por que você não acredita em Deus?", minha resposta seria algo assim: "Olhe para o universo em que vivemos. Sem dúvida, a maior parte dele consiste em um espaço vazio, completamente escuro e inimaginavelmente frio. Os corpos que se movem nele são tão poucos e tão pequenos em comparação com o próprio espaço que, mesmo que cada um deles fosse conhecido por estar povoado de criaturas perfeitamente felizes até o limite que pudesse conter, ainda seria difícil acreditar que a vida e a felicidade fossem mais do que um subproduto do poder que criou o universo. No entanto, os cientistas acham provável que pouquíssimos sóis do espaço — talvez nenhum deles, exceto o nosso — tenham planetas; além disso, em nosso próprio sistema é improvável que qualquer planeta, exceto a Terra, mantenha vida. E a própria Terra existiu sem vida por milhões de anos e pode existir por outros milhões depois de a vida a deixar. E como a vida é enquanto dura? É organizada de forma que todas as suas formas possam viver apenas atacando umas às outras. Nas formas inferiores, esse processo acarreta apenas a morte, mas, nas superiores, aparece uma nova qualidade chamada consciência, a qual permite que ele seja acompanhado pela dor. As criaturas causam dor ao nascer e vivem infligindo dor, e em dor muitas delas morrem. Na mais complexa de todas as criaturas, o Homem, surge ainda outra qualidade, que chamamos de razão; ela lhe permite prever a própria dor, que doravante é precedida de sofrimento mental agudo, e de prever a própria morte enquanto deseja ardentemente a permanência. A razão também permite que os homens, por meio de uma centena de artifícios engenhosos, inflijam muito mais dor, do que poderiam de outra forma ter infligido, uns aos outros e às criaturas irracionais. Esse poder eles exploraram ao máximo. Sua história é em grande medida um registro de crime, guerra, doença e terror, com felicidade suficiente interposta para lhes dar, enquanto durar, uma apreensão agonizante de perdê-la, e, quando ela é perdida, a pungente miséria de lembrar-se dela. De vez em quando, eles melhoram um pouco de condição e surge o que chamamos de civilização. Mas todas as civilizações desaparecem, e, mesmo enquanto permanecem, infligem sofrimentos peculiares próprios, provavelmente suficientes para compensar o alívio que poderiam ter trazido aos sofrimentos normais do homem. Ninguém vai contestar que nossa própria civilização fez isso; que ela desaparecerá como todas as predecessoras é certamente provável. Mesmo que não ocorra, o que haverá? A raça está condenada. Cada raça que surge em qualquer parte do universo está condenada; pois o universo, dizem-nos, está se esgotando e, em algum momento, ele será uma uniforme infinidade de matéria homogênea em baixa temperatura. Todas as histórias darão em nada: toda a vida acabará se revelando uma contorção transitória e sem sentido sobre a face estúpida da matéria infinita. Se você me pede para acreditar que isso é obra de um espírito benevolente e onipotente, respondo que todas as evidências apontam na direção oposta. Ou não há espírito por trás do universo, ou existe então um espírito indiferente ao bem e ao mal, ou então um espírito mau."

Havia uma questão que nunca sonhei em levantar. Nunca percebi que a própria força e a simplicidade da conjetura dos pessimistas nos apresentam imediatamente um problema. Se o universo é tão mau, ou mesmo quase tão mau, como os seres humanos vieram a atribuí-lo à atividade de um Criador sábio e bom? Os homens são tolos, talvez; mas dificilmente tolos a esse ponto. A inferência direta do preto ao branco, da flor do mal à raiz virtuosa, do trabalho sem sentido a um trabalhador infinitamente sábio, confunde a crença. O espetáculo do universo revelado pela experiência nunca poderia ter sido a base da religião: deve ter sido sempre algo apesar do qual a religião, obtida de uma fonte diferente, foi mantida.

Seria um erro responder que nossos ancestrais eram ignorantes e, portanto, nutriam agradáveis ilusões sobre a natureza, as quais o progresso da ciência desde então dissipou. Durante séculos, ao longo dos quais todos os homens creram, o tamanho do pesadelo e o vazio do universo já eram conhecidos. Você lerá em alguns livros que os homens da Idade Média pensavam que a Terra era plana e as estrelas, próximas, mas isso é mentira. Ptolomeu[2] havia dito a eles que a Terra era um ponto matemático sem tamanho em relação à distância das estrelas fixas — uma distância que um texto popular medieval estima em quase 190 milhões de quilômetros. E, em tempos ainda mais remotos, mesmo desde o princípio, os homens devem ter tido a mesma sensação de imensidão hostil vinda de uma fonte mais óbvia. Para o homem pré-histórico, a floresta vizinha deve ter parecido bastante infinita, e aquela sensação totalmente estranha e invasora que temos, derivada de pensarmos sobre raios cósmicos e sóis esfriando, veio soprando e uivando todas as noites até as portas dele. Certamente, em todos os períodos, a dor e o desperdício de vidas humanas eram igualmente óbvios. Nossa própria religião começa entre os judeus, um povo espremido entre grandes impérios guerreiros, continuamente derrotado e levado cativo, familiarizado, como a Polônia ou a Armênia, com a trágica história dos conquistados. É mero absurdo colocar a dor entre as descobertas da ciência. Largue este livro e reflita por cinco minutos sobre o fato de que todas as grandes religiões foram inicialmente pregadas, e por muito tempo praticadas, em um mundo sem clorofórmio.

Em todas as épocas, então, inferir, a partir do curso dos eventos neste mundo, a bondade e a sabedoria do Criador

---

[2]*Cláudio Ptolomeu (90–168), cientista, astrônomo e geógrafo grego.

teria sido igualmente algo absurdo; e isso nunca foi feito.[3] A religião tem uma origem diferente. No que se segue, deve ser entendido que não estou *primariamente* argumentando a verdade do cristianismo, mas descrevendo sua origem — uma tarefa, a meu ver, necessária se quisermos colocar o problema da dor em seu devido lugar.

Em toda religião desenvolvida encontramos três vertentes, ou elementos, e, no cristianismo, há mais um. A primeira delas é aquilo que o professor Otto[4] chama de experiência do *Numinoso*. Aqueles que não conhecem esse termo podem ser apresentados a ele pelo seguinte artifício. Suponha que lhe dissessem que há um tigre na sala ao lado: você saberia que está em perigo e provavelmente sentiria medo. Mas, se lhe dissessem: "Há um fantasma na sala ao lado", e você acreditasse nisso, sentiria, de fato, o que costuma ser chamado de medo, mas de um tipo diferente. Ele não estaria baseado no conhecimento do perigo, pois

---

[3] Ou seja, nunca feito no início de uma religião. *Depois* que a crença em Deus for aceita, "teodiceias" que explicam, ou dão satisfações sobre, as misérias da vida, irão naturalmente aparecer com bastante frequência.

[4]*Rudolf Otto (1869–1937), professor e teólogo alemão. Aplicando conceitos de Kant ao estudo da religião, Otto dizia que "é essencial que a divindade seja concebida e designada com rigorosa precisão por predicados tais como espírito, razão, vontade […] quer dizer, por predicados que correspondam aos elementos pessoais e racionais que o homem possui em si mesmo". Ele criou a categoria do *numinoso* (do latim *numine*, "divindade" ou "poder divino sobrenatural", mais o sufixo *oso*, que indica "ser cheio de"), ou seja, "cheio de divindade". Essa ideia é apresentada em sua obra de 1917, *O sagrado:* aspectos irracionais na noção do divino e sua relação com o racional (São Leopoldo: Sinodal, EST; Petrópolis: Vozes, 2007, p. 224. Tradução de Walter O. Schlupp).

ninguém tem medo do que um fantasma pode lhe fazer, mas sim baseado no mero fato de haver um fantasma. É mais "estranho" do que perigoso, e o tipo particular de medo que desperta pode ser chamado de Pavor. Com o Estranho chega-se à orla do Numinoso. Agora, suponha que lhe tenha sido dito apenas: "Há um espírito poderoso na sala", e você acreditou nisso. Seus sentimentos seriam ainda menos parecidos com o mero medo do perigo, mas a perturbação seria profunda. Você sentiria admiração e certo retraimento — uma sensação de inadequação para lidar com tal visitante e de prostração diante dele —, uma emoção que poderia ser expressa nas palavras de Shakespeare: "Junto dele meu gênio se intimida".[5] Esse sentimento pode ser descrito como espanto, e o objeto que o suscita, como o *Numinoso*.

Agora, nada é mais certo que o fato de que o homem, desde muito cedo, começou a acreditar que o universo era assombrado por espíritos. O professor Otto talvez presuma com demasiada facilidade que, desde o início, esses espíritos foram considerados com temor numinoso. Isso é impossível de provar pela boa razão de que enunciados que expressam admiração pelo Numinoso e enunciados que expressam mero medo do perigo podem usar linguagem idêntica — como ainda podemos dizer que temos "medo" de fantasma ou "medo" de uma alta nos preços. Portanto, é teoricamente possível que tenha havido

---

[5]*Fala de Macbeth referindo-se a Banquo, o fantasma. *Macbeth*, Ato III, Cena I (tradução de Carlos Alberto Nunes).

um tempo em que os homens consideravam esses espíritos simplesmente perigosos e sentiam com respeito a eles o mesmo que sentiam com respeito a tigres. O certo é que agora, de um modo ou de outro, a experiência numinosa existe e que, se partirmos de nós mesmos, poderemos encontrar suas origens muito antes.

Um exemplo moderno pode ser encontrado (se não formos muito orgulhosos de procurá-lo lá) em *O vento nos salgueiros*, onde Rato e Toupeira se aproximam de Pã na ilha.

> — *Rato* — ela encontrou fôlego para sussurrar, tremendo — *você está com medo?*
> — *Receoso?* — murmurou o Rato, com os olhos brilhando com amor indizível. — *Medo? Dele? Oh, nunca, nunca. Mas é... é que... ó Toupeira, eu estou com medo.*[6]

Voltando cerca de um século, encontramos copiosos exemplos em Wordsworth — talvez o melhor deles seja a passagem no primeiro livro do *Prelúdio*,[7] em que ele descreve sua experiência enquanto remava no lago usando o barco roubado. Voltando ainda mais no tempo, temos um exemplo

---

[6]*De Kenneth Grahame (1859–1932), escritor britânico. *O vento nos salgueiros*, de 1908, sua obra mais conhecida, é considerada um clássico da literatura infantil.
[7]*William Wordsworth (1770–1850), o maior poeta romântico inglês. *O prelúdio: ou O crescimento da mente de um poeta — Um poema autobiográfico* é um longo poema, em 14 livros, que ele começou a escrever aos 28 anos e no qual trabalhou até o fim da vida.

muito puro e forte em Malory,[8] quando Galahad "começou a tremer fortemente quando a carne mortal (= efêmera) começou a contemplar as coisas espirituais". No início de nossa era, ela encontra expressão no Apocalipse, em que o escritor caiu "como morto" aos pés do Cristo ressurreto.[9] Na literatura pagã, encontramos a imagem de Ovídio a respeito do sombrio bosque do Aventino, do qual se diria, à primeira vista, *numen inest*:[10] "O lugar é assombrado", ou: "Há uma Presença aqui". E Virgílio nos apresenta o palácio de Latinos "no escuro (*horrendum*) envolto do bosque e temido (*religione*) com todo respeito".[11] Um fragmento grego atribuído, mas improvavelmente dele, a Ésquilo, nos fala da terra, do mar e da montanha tremendo sob o "olho terrível de seu Mestre".[12] E, muito antes, Ezequiel nos fala, em sua Teofania, dos "aros" que "eram altos e impressionantes",[13] e Jacó, levantando-se do sono, diz: "Temível é este lugar!".[14]

---

[8]XVII, xxii. [*Thomas Malory (c. 1470), escritor inglês de identidade incerta, autor de *Le Morte Darthur* [A morte de Arthur], obra em 21 volumes, o primeiro registro em prosa do lendário rei. Galahad, filho de Sir Lancelot do Lago, tipifica o ideal do cavaleiro.]
[9]*Apocalipse 1:17.
[10]*Fastos*, III, 296. [*Longo poema inconcluso de Públio Ovídio Nasão (43 a.C.–17? d.C.), poeta latino, que trata do calendário romano instituído por Augusto.]
[11]*Eneida*, VII, 172. [*São Paulo: Editora 34, 2016, p. 456-457. Tradução de Carlos Alberto Nunes.]
[12]Fragmento 464. Edição de Sidgwick. [*Ésquilo (c. 525 a.C.–455 a.C.), poeta e dramaturgo grego, autor de tragédias e considerado o pai desse estilo teatral.]
[13]Ezequiel 1:18.
[14]Gênesis 28:17.

Não sabemos até onde, na história da humanidade, vai esse sentimento. Os primeiros homens quase certamente acreditavam em coisas que estimulariam o sentimento em nós se acreditássemos nelas, e parece, portanto, provável que o temor numinoso seja tão antigo quanto a própria humanidade. Mas nossa principal preocupação não é datá--lo. O importante é que, de uma forma ou de outra, ele passou a existir e se espalhou, e não desapareceu da mente com o crescimento do conhecimento e da civilização.

Mas esse temor não é o resultado de uma inferência vinda do universo visível. Não há possibilidade de argumentar a partir do mero perigo quanto ao misterioso, e menos ainda ao totalmente Numinoso. Você pode dizer que lhe parece muito natural que o homem primitivo, estando rodeado de perigos reais e, portanto, assustado, inventasse o misterioso e o Numinoso. Em certo sentido, é verdade, mas vamos entender o que queremos dizer. Você sente que é natural porque, compartilhando a natureza humana com seus ancestrais remotos, pode se imaginar reagindo a solidões perigosas da mesma maneira; e essa reação é de fato "natural" no sentido de estar de acordo com a natureza humana, mas não é nem um pouco "natural" no sentido de que a ideia do estranho ou do Numinoso já esteja contida na ideia do perigoso, ou que qualquer percepção de perigo ou qualquer desagrado pelas feridas e pela morte que isso pode acarretar possa dar a mais leve concepção de pavor fantasmagórico ou temor numinoso a uma inteligência que já não os compreendia. Quando o homem passa do medo físico para o pavor e o espanto, ele dá um salto abrupto e apreende algo que nunca poderia *ser dado*, como o perigo o é, por fatos físicos e deduções lógicas advindas deles. A maioria das tentativas de explicar o Numinoso pressupõe a coisa a ser explicada — como quando os antropólogos o derivam do medo em relação aos mortos, sem explicar por que homens mortos (certamente o tipo menos perigoso de homem) teriam atraído esse sentimento peculiar. Contra todas essas tentativas, devemos insistir que o horror e o pavor estão em uma dimensão diferente daquela em que o medo está. Eles têm a natureza de uma interpretação que o homem dá ao universo, ou de uma impressão que obtém dele; e assim como nenhuma enumeração das qualidades físicas de um objeto bonito poderia incluir sua beleza, ou dar a mais leve sugestão do que entendemos por beleza para uma criatura sem experiência estética, do mesmo modo nenhuma descrição factual de qualquer ambiente humano poderia incluir o estranho e o Numinoso, ou mesmo uma sugestão deles. Parece, de fato, haver apenas duas opiniões que podemos ter sobre o temor: ou é uma mera torção na mente humana, que corresponde a nada que seja objetivo e não serve a nenhuma função biológica, sem apresentar nenhuma tendência a desaparecer da mente até seu desenvolvimento mais completo em poeta, filósofo ou santo; ou então é uma experiência direta de algo realmente sobrenatural, ao qual o nome Revelação pode apropriadamente ser dado.

O Numinoso não é o mesmo que o moralmente bom, e um homem dominado pelo temor provavelmente, caso entregue a si mesmo, pensará que o objeto numinoso está "além do bem e do mal". Isso nos leva à segunda vertente ou elemento na religião. Todos os seres humanos de que a história ouviu falar reconhecem algum tipo de moralidade; isto é, sentem, em relação a determinadas ações propostas, as experiências expressas pelas palavras "devo" ou "não devo". Essas experiências se assemelham ao temor em um aspecto, a saber: elas não podem ser logicamente deduzidas a partir do ambiente e das experiências físicas do homem que as experimenta. Você pode embaralhar, o quanto lhe agradar, "Eu quero" e "Eu sou forçado" e "Serei bem aconselhado" e "Não me atrevo", sem conseguir extrair deles o menor indício de "devo" e "não devo". E, mais uma vez, as tentativas de transformar a experiência moral em outra coisa sempre pressupõem exatamente o que estão tentando explicar — como quando um famoso psicanalista deduz isso do parricídio pré-histórico.[15] Se o parricídio produziu um sentimento de culpa, foi porque os homens reconheceram que não queriam tê-lo cometido; se eles não houvessem reconhecido isso, o parricídio não poderia produzir nenhum sentimento de culpa. A moralidade, assim como o temor numinoso, é um salto; nele, o homem vai além de tudo o que pode ser "dado" por meio dos fatos da experiência. E ele tem uma característica notável demais para ser ignorada. As moralidades aceitas entre os homens podem diferir — embora, no fundo, não tão amplamente

---

[15]*Lewis está fazendo referência a Sigmund Freud (1856–1939), médico e psiquiatra austríaco, e a seu livro *Totem e tabu:* Algumas concordâncias entre a vida psíquica dos homens primitivos e a dos neuróticos (São Paulo: Penguin & Companhia das Letras, 2013. Tradução de Paulo César de Souza), de 1913, especialmente ao cap. 4.

como muitas vezes é afirmado, mas todas elas concordam em prescrever um comportamento que seus adeptos falham em praticar. Todos os homens são igualmente condenados, não por códigos de ética estranhos, mas por seus próprios, e todos os homens, portanto, estão cônscios de sua culpa. O segundo elemento na religião é a consciência não apenas de uma lei moral, mas de uma lei moral ao mesmo tempo aprovada e desobedecida. Essa consciência não é uma inferência lógica, nem tampouco ilógica, a partir dos fatos da experiência; se não a trouxéssemos para nossa experiência, não poderíamos encontrá-la ali. Ou é uma ilusão inexplicável, ou, então, é uma revelação.

A experiência moral e a experiência numinosa estão tão longe de serem iguais que podem existir por longos períodos sem estabelecer um contato mútuo. Em muitas formas de paganismo, a adoração aos deuses e as discussões éticas dos filósofos têm muito pouca relação entre si. O terceiro estágio do desenvolvimento religioso surge quando os homens as identificam — quando o Poder Numinoso, em relação ao qual sentem temor, é constituído o guardião da moralidade, em relação ao qual sentem uma obrigação. Mais uma vez, isso pode parecer muito "natural". O que pode ser mais natural do que, para um selvagem assombrado ao mesmo tempo pelo temor e pela culpa, pensar que o poder que o enche de temor é também a autoridade que condena sua culpa? E isso é, de fato, natural para a humanidade. Mas não é nada óbvio. O comportamento real daquele universo que o Numinoso assombra não tem nenhuma semelhança com o comportamento que a moralidade exige de nós. Um parece devastador, implacável e injusto;

Conceitos introdutórios

o outro impõe-nos as qualidades opostas. Nem pode a identificação dos dois ser explicada como uma realização do desejo, pois ambos não satisfazem os desejos de ninguém. O que menos desejamos ver é que aquela Lei, cuja autoridade desnudada já é insuportável, está armada com as reivindicações incalculáveis do Numinoso. De todos os saltos que a humanidade dá em sua história religiosa, esse é certamente o mais surpreendente. Não é incomum que muitos setores da raça humana o recusem; religião não moral e moralidade não religiosa existiram e ainda existem. Talvez apenas um único povo, como tal, deu o novo passo com perfeita decisão — refiro-me aos judeus. Mas grandes indivíduos em todos os tempos e lugares também o deram, e apenas aqueles que assim fizeram estão protegidos das obscenidades e barbaridades da adoração sem moral ou da fria e triste justiça própria do puro moralismo. Julgado por seus frutos, esse movimento é um passo em direção ao incremento da integridade. E, embora a lógica não nos obrigue a aceitá-lo, é muito difícil resistir — mesmo no paganismo e no panteísmo, a moralidade está sempre irrompendo, e até mesmo o estoicismo se vê dobrando voluntariamente os joelhos diante de Deus. Mais uma vez, pode ser loucura — uma insanidade congênita ao homem e estranhamente afortunada em seus resultados — ou pode ser uma revelação. E, se for revelação, então é muito real e verdadeiro em Abraão que todos os povos serão abençoados,[16] pois foram os judeus que plena e inequivo-

---

[16]*Gênesis 12:2-3.

camente identificaram a terrível Presença assombrando os topos das escuras montanhas e nuvens de tempestade com "o Senhor [...] *justo*" que "ama a justiça".[17]

A quarta vertente ou elemento é um evento histórico. A afirmação de que houve um homem nascido entre esses judeus que afirmava ser, ou ser filho de, ou ser "um com", o Algo, que é ao mesmo tempo o terrível assombro da natureza e o doador da lei moral, é tão chocante — um paradoxo, e até um horror, que podemos facilmente ser levados a considerá-la de modo leviano — que apenas duas opiniões sobre esse homem são possíveis. Ou ele era um lunático delirante de um tipo incomumente abominável, ou então ele era, e é, precisamente o que ele disse. Não existe meio-termo. Se os registros tornam a primeira hipótese inaceitável, você tem de se submeter à segunda. E, se você fizer isso, tudo o mais que é afirmado pelos cristãos passar a ser crível: esse Homem, tendo sido morto, ainda está vivo, e sua morte, de algum modo incompreensível para o pensamento humano, realizou uma mudança real em nossas relações com o Senhor "terrível" e "justo", e uma mudança a nosso favor.

Perguntar se o universo como o vemos se parece mais com a obra de um Criador sábio e bom ou com a obra de acaso, indiferença ou malevolência, é omitir desde o início todos os fatores relevantes no problema religioso. O cristianismo não é a conclusão de um debate filosófico sobre as origens do universo: é um evento histórico catastrófico

---

[17]Salmos 11:7.

Conceitos introdutórios

que se segue à longa preparação espiritual que descrevi, pela qual a humanidade passou. Não é um sistema no qual temos de encaixar o fato incômodo da dor e do sofrimento: é em si mesmo um dos fatos incômodos que precisam ser encaixados em qualquer sistema que façamos. Em certo sentido, ele cria, em vez de resolver, o problema da dor, pois ela não seria um problema a menos que, lado a lado com nossa experiência diária desse mundo doloroso, tivéssemos recebido o que pensamos ser uma boa garantia de que a realidade última é justa e amorosa.

Eu indiquei mais ou menos o motivo pelo qual essa garantia me parece boa. Ela não significa uma compulsão lógica. Em cada estágio do desenvolvimento religioso, o homem pode se rebelar, se não sem violência contra sua própria natureza, sem absurdidade. Ele pode fechar seus olhos espirituais contra o Numinoso, se estiver preparado para se apartar da companhia de metade dos grandes poetas e dos profetas de sua raça, de sua própria infância, da riqueza e da profundidade da experiência desinibida. Ele pode considerar a lei moral uma ilusão e, assim, isolar-se do terreno comum da humanidade. Ele pode se recusar a identificar o Numinoso com os justos e permanecer um bárbaro, adorando a sexualidade, ou os mortos, ou a força vital,[18] ou o futuro. Mas o custo é alto. E, quando alcançamos a última

---

[18]*Força vital (ou, na forma francesa, *élan vital*) é termo criado por Henri Bergson (1859–1941), filósofo e diplomata francês, para referir-se ao impulso original de onde provém a vida, presente em todos os organismos e responsável pela evolução.

etapa de todas, a histórica Encarnação, a certeza é a mais forte de todas. A história é estranhamente parecida com muitos mitos que assombraram a religião desde o início, e ainda assim não é como eles. Não é transparente quanto ao motivo: não poderíamos tê-la inventado nós mesmos. Não tem a suspeita lucidez, *a priori*, do panteísmo ou da física newtoniana. Tem o caráter aparentemente arbitrário e idiossincrático que a ciência moderna está lentamente nos ensinando a suportar neste universo obstinado, onde a energia é composta por pequenas parcelas de uma quantidade que ninguém poderia prever, onde a velocidade não é ilimitada, onde a entropia irreversível dá ao tempo uma direção real e assim o cosmos, não mais estático ou cíclico, se move como um drama de um começo real a um fim real. Se alguma mensagem procedente do âmago da realidade algum dia chegasse até nós, deveríamos esperar encontrar nela exatamente aquela inesperada, aquela obstinada e dramática anfractuosidade que encontramos na fé cristã. Tem o toque de mestre — o gosto áspero e viril da realidade, não feito por nós, ou, na verdade, para nós, mas nos acertando na cara.

Se, por tais motivos, ou por outros melhores, seguirmos o curso em que a humanidade tem sido conduzida, e nos tornarmos cristãos, teremos então o "problema" da dor.

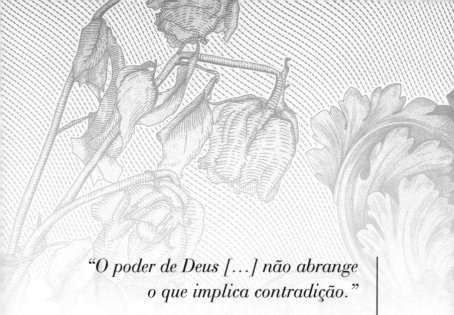

"*O poder de Deus [...] não abrange o que implica contradição.*"

Tomás de Aquino, *Suma teológica*, Questão 25, Art. 4[1]

---

[1]*Tomás de Aquino (1225–1274), frade e teólogo católico, um dos doutores da Igreja. (*Suma teológica*, vol. 1, Ia pars. Campinas: Ecclesiae, 2016, p. 208. Tradução de Alexandre Correia).

CAPÍTULO 2

Onipotência divina

"Se Deus fosse bom, desejaria fazer suas criaturas perfeitamente felizes; e, se Deus fosse Todo-poderoso, ele seria capaz de fazer o que desejasse. Mas as criaturas não são felizes. Portanto, a Deus falta bondade ou poder, ou ambos." Esse é o problema da dor em sua forma mais simples. A possibilidade de responder a isso depende de mostrar que os termos "bom" e "Todo-poderoso", e talvez também o termo "feliz", estão equivocados, pois deve-se admitir desde o princípio que, se os significados populares associados a essas palavras forem os melhores, ou os únicos possíveis, então, o argumento é irrespondível. Neste capítulo, farei alguns comentários sobre a ideia de Onipotência e, no seguinte, alguns sobre a ideia de Bondade.

Onipotência significa "poder de fazer tudo ou todas as coisas".[2] E somos informados nas Escrituras que "para Deus

---

[2] O significado original em latim pode ter sido "poder *sobre* ou *em* todos". Uso o que considero ser o sentido atual.

todas as coisas são possíveis".³ É bastante comum em uma discussão com um incrédulo ouvir que Deus, se existisse e fosse bom, faria isto ou aquilo; e, então, se indicamos que a ação proposta é impossível, encontramos a réplica: "Mas eu pensei que Deus supostamente fosse capaz de fazer qualquer coisa". Isso levanta toda a questão da impossibilidade.

No uso comum, a palavra "impossível" geralmente implica uma cláusula suprimida que começa com a expressão "a menos que". Desta forma, para mim é impossível enxergar a rua de onde estou sentado escrevendo neste momento; isto é, enxergar a rua é impossível, *a menos que* eu suba ao último andar, onde estarei a uma altura elevada o bastante para enxergar por sobre o prédio interposto. Se eu tivesse quebrado a perna, diria: "Mas é impossível subir ao último andar", querendo dizer, entretanto, que isso é impossível *a menos que* apareçam alguns amigos que me carreguem. Agora, avancemos para um plano diferente de impossibilidade, dizendo: "É, em todos os casos, impossível ver a rua *enquanto* eu permanecer onde estou e o edifício interposto permanecer onde está". Alguém pode acrescentar: "A menos que a natureza do espaço, ou da visão, fosse diferente do que é". Não sei o que os melhores filósofos e cientistas diriam sobre isso, mas eu teria de responder: "Não sei se o espaço e a visão *poderiam* ser da natureza que você sugere". Ora, fica claro que a palavra *poderiam* aqui se refere a algum tipo absoluto de possibilidade ou de impossibilidade, que é diferente das possibilidades e

---

³*Mateus 19:26.

das impossibilidades relativas que estamos considerando. Não posso dizer se ver quinas arredondadas é, neste novo sentido, possível ou não, porque não sei se é contraditório em si mesmo ou não. Mas sei muito bem que, se for contraditório em si mesmo, é absolutamente impossível, o que pode também ser chamado de intrinsecamente impossível, porque carrega a impossibilidade em si mesmo, em lugar de tomá-la emprestada de outras impossibilidades que, por sua vez, dependem de outras. Não há nenhuma cláusula *a menos que* anexada a si. É impossível sob todas as condições, e em todos os mundos, e para todos os agentes.

"Todos os agentes" aqui inclui o próprio Deus. Sua Onipotência é o poder para fazer tudo o que é intrinsecamente possível, não para fazer o intrinsecamente impossível. Você pode atribuir milagres a ele, mas não contrassensos. Isso não é limite em seu poder. Se escolher dizer: "Deus pode dar a uma criatura o livre-arbítrio e, ao mesmo tempo, negar-lhe o livre-arbítrio", você não conseguiu dizer *nada* sobre Deus. Combinações sem sentido de palavras não adquirem repentino significado simplesmente porque prefixamos para elas as duas outras palavras "Deus pode". Continua sendo verdade que todas as *coisas* são possíveis para Deus: as impossibilidades intrínsecas não são coisas, mas nulidades. Não é mais possível para Deus do que o é para a mais fraca de suas criaturas realizar as duas alternativas mutuamente exclusivas; não é que seu poder tenha encontrado um obstáculo, mas é que o contrassenso continua sendo um contrassenso mesmo quando estamos falando de Deus.

Deve-se lembrar, entretanto, que os arrazoadores humanos frequentemente cometem erros, tanto por argumentar partindo de dados falsos quanto por inadvertência no próprio argumento. Podemos, dessa forma, vir a pensar ser possível algo que é, de fato, impossível, e *vice-versa*.[4] Devemos, portanto, ter muita cautela ao definir aquelas impossibilidades intrínsecas que nem mesmo a Onipotência pode realizar. O que direi a seguir deve ser considerado menos uma afirmação sobre o que elas são e mais uma amostra de como poderiam ser.

As inexoráveis "leis da Natureza" que desafiam o sofrimento ou o deserto humanos, que não são desviadas pela oração, parecem, à primeira vista, fornecer um forte argumento contra a bondade e o poder de Deus. Eu proponho que nem mesmo a Onipotência poderia criar uma sociedade de almas livres sem, ao mesmo tempo, criar uma Natureza relativamente independente e "inexorável".

Não há razão para supor que a autoconsciência, o reconhecimento de uma criatura por si mesma como um "eu", possa existir a não ser em contraste com um "outro", algo que não é o eu. É contra um ambiente e, de preferência, um ambiente social, um ambiente de outros eus, que a consciência do meu eu se destaca. Isso levantaria uma dificuldade quanto à consciência de Deus se fôssemos meros teístas. Sendo cristãos, aprendemos com a doutrina da Santíssima Trindade que algo análogo à "sociedade" existe dentro do ser Divino desde a eternidade — que Deus é Amor, não meramente no sentido de ser a forma platônica

---

[4]Por exemplo: todo bom truque de prestidigitador faz algo que, para a plateia, com as *informações* e o poder de raciocínio que ela tem, parece autocontraditório.

de amor,[5] mas porque, dentro dele, as reciprocidades concretas do amor existem antes de todos os mundos e são derivadas daí às criaturas.

Novamente, a liberdade de uma criatura deve pressupor a liberdade de escolha, que, por sua vez, implica a existência de coisas entre as quais escolher. Uma criatura sem ambiente não teria escolhas a fazer, de modo que a liberdade, como a autoconsciência (se não forem, de fato, a mesma coisa), exige, uma vez mais, a presença para o eu de algo diferente do eu.

A condição mínima de autoconsciência e liberdade, então, seria que a criatura apreendesse a Deus e, portanto, a si mesma como um ser distinto de Deus. É possível que tais criaturas existam, cientes de Deus e de si mesmas, mas de nenhum semelhante. Nesse caso, sua liberdade é simplesmente a de fazer uma escolha única e aberta de amar a Deus mais do que a si mesmas ou a si mesmas mais do que a Deus. Mas uma vida tão reduzida ao essencial não é imaginável para nós. Tão logo tentamos introduzir o mútuo conhecimento dos semelhantes, deparamos com a necessidade da "Natureza".

Muitas vezes as pessoas falam como se nada fosse mais fácil do que duas mentes abertas se "encontrarem" ou se tornarem conscientes uma da outra. Mas não vejo possibilidade de elas o fazerem, exceto em um meio comum que forma seu "mundo externo" ou ambiente. Mesmo nossa

---

[5]*Platão (c. 428 a.C.–c. 347 a.C.), filósofo e matemático grego, em sua obra *O banquete* coloca na boca de Sócrates a definição de amor como a busca da beleza e do bem ideais; assim, quem ama deseja algo que ainda não tem. Ao contrário disso, o amor divino é concreto, com um objeto definido.

vaga tentativa de imaginar tal encontro entre espíritos desencarnados costuma deslizar sub-repticiamente para a ideia de, pelo menos, um espaço comum e um tempo comum, para dar significado ao prefixo "co" de "coexistência": e espaço e tempo já são um ambiente. Mas é necessário mais do que isso. Caso seus pensamentos e paixões me fossem diretamente apresentados, como os meus próprios, sem qualquer marca de exterioridade ou alteridade, como eu haveria de distingui-los dos meus? E que pensamentos ou paixões poderíamos começar a ter sem objetos sobre os quais pensar e sentir? Não somente isso: poderia eu começar a ter a concepção de "externo" e de "outro" a menos que tivesse experiência de um "mundo externo"? Você pode responder, como cristão, que Deus (e Satanás), de fato, afeta a consciência dessa maneira direta sem sinais de "exterioridade". Sim: e o resultado é que a maioria das pessoas ignora a existência de ambos. Podemos, portanto, supor que, se as almas humanas mutuamente se afetassem direta e imaterialmente, seria um raro triunfo de fé e discernimento que qualquer uma delas cresse na existência das outras. Seria mais difícil para mim conhecer meu próximo em tais condições do que agora é para mim conhecer a Deus, pois, ao reconhecer o impacto dele em mim, agora sou ajudado por coisas que me alcançam por meio do mundo externo, como a tradição da Igreja, a Sagrada Escritura e a conversa com amigos religiosos. Do que precisamos para a sociedade humana é exatamente o que temos: algo neutro, nem você nem eu, que ambos podemos manipular de modo a fazer sinais um para o outro. Eu posso falar com você porque nós

Onipotência divina

dois conseguimos criar ondas sonoras no ar comum entre nós. A matéria, que mantém as almas apartadas, também as aproxima. Ela permite que cada um de nós tenha um "fora" bem como um "dentro", de modo que o que são atos de vontade e pensamento para você sejam ruídos e olhares para mim; você está apto não apenas a *ser*, mas a *aparecer*, e, portanto, tenho o prazer de conhecê-lo.

Sociedade, então, implica um campo comum ou "mundo" no qual seus membros se encontram. Se existe uma sociedade angelical, como os cristãos de modo geral acreditam, então os anjos também devem ter um mundo ou um campo assim; algo que é para eles como a "matéria" (no sentido moderno, não no escolástico[6]) é para nós.

Mas, se é próprio da matéria servir como um campo neutro, ela deve ter uma natureza fixa própria. Se um "mundo" ou sistema material tivesse apenas um único habitante, ele poderia conformar-se a cada momento aos desejos desse habitante — "as árvores, por causa dele, amontoar-se-iam na sombra".[7] Mas, se você fosse introduzido em um mundo que assim variasse a cada capricho meu, você seria total-

---

[6]*A escolástica foi a produção filosófica que ocorreu entre os séculos 9 e 13, durante o predomínio católico na Europa, resgatando o pensamento de Aristóteles. Tomás de Aquino foi o expoente. Na escolástica, a matéria se distinguia da forma, enquanto no pensamento moderno, distingue-se do espírito.

[7]*Alexander Pope (1688–1744), um dos mais importantes poetas e satiristas ingleses. A citação é de sua obra *Pastorals* [Pastorais], II, "Summer" [Verão], 74. Lewis cita o texto de memória, fazendo nele pequena alteração. O original diz: "As árvores, onde você se senta, devem se aglomerar em uma sombra".

O problema da dor

mente incapaz de agir nele e, assim, perderia o exercício de seu livre-arbítrio.

Tampouco fica claro se você poderia me dar a conhecer sua presença — estando toda a matéria pela qual você tentou fazer sinais para mim já sob meu controle e, portanto, não podendo ser manipulada por você.

Se a matéria tem uma natureza fixa e obedece a leis constantes, nem todos os estados da matéria serão igualmente agradáveis aos desejos de uma dada alma, nem todos serão igualmente benéficos para aquele agregado particular de matéria que ela chama de corpo. Se o fogo conforta aquele corpo a certa distância, ele o destruirá quando a distância for reduzida. Disso se depreende, mesmo em um mundo perfeito, a necessidade daqueles sinais de perigo que as fibras de dor em nossos nervos foram, aparentemente, projetadas para transmitir. Acaso isso implica um elemento inevitável de mal (na forma de dor) em qualquer mundo possível? Penso que não; pois, embora possa ser verdade que o menor pecado seja um mal incalculável, o mal da dor depende do grau, e dores abaixo de certa intensidade não são temidas nem delas nos ressentimos de forma alguma. Ninguém se importa com a gradação "quente, confortavelmente quente, muito quente, isso dói" que o avisa para retirar a mão da exposição ao fogo; e, se posso confiar no que sinto, uma leve dor nas pernas enquanto subimos para a cama depois de um bom dia de caminhada é, de fato, prazerosa.

Contudo, uma vez mais, se a natureza fixa da matéria a impede de ser sempre, e em todas as suas disposições, igualmente agradável até mesmo para uma única alma, é muito menos possível que a matéria do universo a qualquer momento seja distribuída de modo a ser igualmente conveniente e agradável a cada membro de uma sociedade. Se um homem viajando em uma direção está fazendo uma jornada colina abaixo, um homem que vai na direção oposta só pode estar indo colina acima. Se um seixo nem sequer está onde eu quero, ele não pode, exceto por uma coincidência, estar onde você quer que ele esteja. E isso está muito longe de ser um mal: pelo contrário, proporciona a ocasião certa para todos aqueles atos de cortesia, respeito e altruísmo pelos quais o amor, o bom humor e a modéstia se expressam. Mas certamente deixa o caminho aberto para um grande mal, o da competição e da hostilidade. E, se são livres, as almas não podem ser impedidas de lidar com o problema por meio de competição em vez de apelar à cortesia. E, uma vez que tenham avançado para a hostilidade real, elas podem explorar a natureza fixa da matéria para ferir umas às outras. A natureza permanente da madeira, que nos permite usá-la como uma viga, também nos permite usá-la para bater na cabeça do nosso vizinho. A natureza permanente da matéria em geral significa que, quando os seres humanos lutam, a vitória normalmente vai para aqueles que estão com armas, habilidades e números superiores, mesmo que sua causa seja injusta.

Podemos, talvez, conceber um mundo em que Deus corrigisse os resultados desse abuso do livre-arbítrio por parte de suas criaturas a todo momento, de modo que uma viga de madeira se tornasse macia feito grama quando fosse usada como arma, e o ar se recusasse a me obedecer caso eu tentasse colocar nele ondas sonoras que transportassem mentiras ou insultos. Mas, em um mundo assim, ações erradas seriam impossíveis, e nele, portanto, a liberdade de vontade seria nula; mais ainda, se o princípio fosse levado a sua conclusão lógica, os maus pensamentos seriam impossíveis, pois a matéria cerebral que usamos para pensar recusaria sua tarefa quando tentássemos estruturá--los. Toda matéria na vizinhança de um homem perverso estaria sujeita a alterações imprevisíveis. A eventualidade de Deus, às vezes, de fato modificar o comportamento da matéria e produzir o que chamamos de milagres faz parte da fé cristã, mas a própria concepção de um mundo comum e, portanto, estável, demanda que essas ocasiões sejam extremamente raras. Em um jogo de xadrez, você pode fazer certas concessões arbitrárias ao oponente, e elas estão para as regras comuns do jogo como os milagres estão para as leis da natureza. Você pode se privar de uma torre ou permitir que o outro homem às vezes volte um movimento feito inadvertidamente. Mas, se você admitisse tudo que a qualquer momento acontecesse de modo a servir o outro — se todos os movimentos dele fossem revogáveis e se todas as suas próprias peças desaparecessem sempre que a posição delas no tabuleiro não fosse do agrado de seu adversário —, então você absolutamente não teria um jogo. O mesmo acontece com a vida das almas em um mundo: leis fixas, consequências que se desdobram por necessidade causal, toda a ordem natural, esses são ao mesmo tempo os limites dentro dos quais a vida comum das almas está confinada e, também, a única condição sob a qual a vida é possível. Tente excluir a possibilidade de sofrimento que a

Onipotência divina

ordem da natureza e a existência do livre-arbítrio envolvem e você descobrirá que excluiu a própria vida.

Como eu disse antes, esse relato das necessidades intrínsecas de um mundo serve meramente como uma amostra do que elas poderiam ser. O que realmente são, apenas a Onisciência tem os dados e a sabedoria para ver: mas não é provável que sejam menos complicadas do que sugeri. Desnecessário dizer que "complicado" aqui se refere unicamente à compreensão humana delas; não devemos pensar em Deus argumentando, como nós fazemos, a partir de um fim (coexistência de espíritos livres) para as condições nele envolvidas; mas, antes, a partir de um único e totalmente autoconsistente ato de criação, que para nós aparece, à primeira vista, como a criação de muitas coisas independentes e, depois, como a criação de coisas mutuamente necessárias. Mesmo nós podemos elevar-nos um pouco além da concepção de necessidades mútuas como eu a delineei — podemos reduzir matéria como aquilo que separa as almas e matéria como aquilo que as reúne sob o conceito único de Pluralidade, do qual "separação" e "união" são apenas dois aspectos. Com todo avanço em nosso pensamento, a unidade do ato criativo e a impossibilidade de consertar a criação, como se este ou aquele elemento dela pudesse ter sido removido, se tornarão mais aparentes. Talvez este não seja o "melhor de todos os universos possíveis", mas é o único viável. Mundos possíveis podem significar apenas "mundos que Deus poderia ter feito, mas não fez". A ideia daquilo que Deus "poderia ter" feito envolve uma concepção muito antropomórfica da liberdade de Deus. A despeito do que signifique liberdade humana, liberdade divina não pode significar indeterminação entre alternativas e escolha de uma delas. A bondade perfeita nunca pode debater sobre o fim a ser atingido, e a sabedoria perfeita não pode debater sobre os meios mais adequados para alcançá-lo. A liberdade de Deus consiste no fato de que nenhuma outra causa senão ele mesmo produz seus atos e nenhum obstáculo externo os impede — sua própria bondade é a raiz da qual todos eles crescem, e sua própria onipotência, o ar em meio ao qual todos florescem.

E isso nos leva ao nosso próximo assunto: a bondade Divina. Nada até agora foi dito sobre isto, e nenhuma resposta tentou responder à objeção de que, se o universo deve, desde o início, admitir a possibilidade de haver sofrimento, então, a bondade absoluta teria deixado o universo sem criá-lo. Devo alertar o leitor de que não tentarei provar que criar foi melhor do que não fazê-lo: não estou ciente de nenhuma balança humana na qual tal portentosa questão possa ser pesada. Alguma comparação entre um estado de ser e outro pode ser feita, mas a tentativa de comparar ser e não ser termina em meras palavras.

"Para mim seria melhor não existir" — em que sentido "para mim"? Como eu poderia, se não existisse, beneficiar-me por não existir? Nosso desígnio é menos formidável: é apenas descobrir, percebendo um mundo em sofrimento e tendo a certeza, por motivos bem diferentes, de que Deus é bom, como devemos conceber essa bondade e esse sofrimento sem contradição.

> "O Amor pode tolerar, e o Amor pode perdoar [...] mas o Amor nunca pode ser reconciliado com um objeto não amável [...] Ele nunca pode, portanto, ser reconciliado com nosso pecado, porque o próprio pecado é incapaz de ser alterado; mas ele pode ser reconciliado com nossa pessoa, porque ela pode ser restaurada."

TRAHERNE, *Centúrias de meditações*, II, 30[1]

[1*]Thomas Traherne (1637–1674), poeta místico e clérigo anglicano. Sua obra *Centúrias de meditações* só foi publicada em 1908.

CAPÍTULO 3

Bondade Divina

Qualquer consideração sobre a bondade de Deus imediatamente nos ameaça com o dilema a seguir.

Por um lado, se Deus é mais sábio do que nós, seu julgamento deve ser diferente do nosso com respeito a muitas coisas, e não menos acerca do bem e do mal. O que nos parece bom pode, portanto, não ser bom a seus olhos, e o que nos parece mau pode não sê-lo.

Por outro lado, se o julgamento moral de Deus difere do nosso, de forma que o nosso "preto" seja seu "branco", nada queremos dizer ao chamá-lo de bom; pois dizer "Deus é bom", ao mesmo tempo que afirmamos que sua bondade é totalmente diferente da nossa, é realmente apenas dizer: "Deus é não sabemos o quê". E uma qualidade totalmente desconhecida em Deus não pode nos dar base moral para amá-lo ou obedecer-lhe. Se ele não for (no sentido que damos a isso) "bom", devemos obedecer, se for o caso, apenas por medo — e devemos estar de igual modo prontos para obedecer a um demônio onipotente. A doutrina da Depravação Total — da qual se deriva a consequência de que, uma vez que somos totalmente depravados, nossa ideia de bem não vale simplesmente nada — pode assim transformar o cristianismo em uma forma de adoração ao diabo.

Escapar desse dilema depende de observar o que acontece, nas relações humanas, quando o homem de padrões morais inferiores entra na sociedade daqueles que são melhores e mais sábios do que ele e gradualmente aprende a aceitar os padrões *deles* — um processo que, por acaso, posso descrever com bastante precisão, já que passei por isso. Quando fui pela primeira vez para a universidade, eu quase não tinha uma consciência moral, assim como um menino. Um leve desgosto pela crueldade e pela mesquinhez com relação ao dinheiro era meu maior alcance — sobre castidade, veracidade e autossacrifício eu pensava como um babuíno pensa sobre música clássica. Pela misericórdia de Deus, fui parar no meio de um grupo de jovens (nenhum deles, aliás, cristão) que me eram suficientemente próximos em intelecto e imaginação para garantir uma intimidade imediata, mas que conheciam a lei moral e tentavam obedecer-lhe. Assim, seu julgamento sobre o bem e o mal era muito diferente do meu. Ora, o que acontece em um caso assim não é nem um pouco como ser solicitado a tratar como "branco" o que até então era chamado de "preto". Os novos julgamentos morais nunca entram na mente como meros inversos (embora eles os invertam) de julgamentos anteriores, mas "como senhores que certamente são esperados".[2] Você não

---

[2]*Citação de "A balada do velho marinheiro" (1798), poema épico de Samuel Taylor Coleridge (1772–1834), que marca o início da literatura romântica na Inglaterra.

pode ter dúvidas sobre a direção em que está se movendo: eles são mais parecidos com o bem do que os pequenos fragmentos de bem que você já teve, mas são, em certo sentido, a continuação deles. No entanto, o grande teste é que o reconhecimento dos novos padrões é acompanhado pelo sentimento de vergonha e culpa: a pessoa tem consciência de ter cometido um erro grave na sociedade para a qual é inadequada. É à luz dessas experiências que devemos considerar a bondade de Deus. Sem dúvida, sua ideia de "bondade" difere da nossa; mas você não precisa ter medo de que, ao se aproximar dela, será solicitado a simplesmente inverter seus padrões morais. Quando a diferença relevante entre a ética Divina e a sua aparecer para você, não haverá, de fato, nenhuma dúvida que a mudança exigida estará no sentido que você já chama de "melhor".

A "bondade" Divina difere da nossa, mas não é totalmente diferente: distingue-se da nossa não como o branco do preto, mas como um círculo perfeito difere da primeira tentativa de uma criança de desenhar uma roda. Mas, quando aprender a desenhar, a criança saberá que o círculo que faz é o que ela estava tentando fazer desde o início.

Esta doutrina é pressuposta nas Escrituras. Cristo chama os homens ao arrependimento — um chamado que não teria sentido se o padrão de Deus fosse totalmente diferente daquele que eles já conheciam e falharam em praticar. Ele apela ao nosso julgamento moral existente: "Por que vocês não julgam por si mesmos o que é justo?".[3]

---

[3]Lucas 12:57.

No Antigo Testamento, Deus censura os homens com base nas concepções que eles tinham de gratidão, fidelidade e honestidade; e se coloca, por assim dizer, no tribunal diante de suas próprias criaturas: "Que falta os seus antepassados encontraram em mim, para que me deixassem e se afastassem de mim?".[4]

Depois dessas considerações preliminares, é seguro, eu espero, sugerir que algumas concepções sobre a bondade Divina que tendem a dominar nosso pensamento, embora raramente expressas em tantas palavras, estão abertas à crítica.

Por bondade de Deus hoje em dia referimo-nos quase exclusivamente à sua amorosidade, e nisso podemos estar certos. E, por Amor, nesse contexto, a maioria de nós quer dizer bondade: o desejo de ver os outros felizes; não felizes desta ou daquela forma, mas apenas felizes. O que realmente nos satisfaria seria um Deus que dissesse de tudo o que gostamos de fazer: "O que importa, desde que eles estejam contentes?". Queremos, de fato, não tanto um Pai Celestial, mas um vovô no céu — uma benevolência senil que, como dizem, "gostava de ver os jovens se divertindo" e cujo plano para o universo era simplesmente que pudesse ser dito com verdade no final de cada dia: "Todos se divertiram muito". Não são muitas as pessoas, admito, que formulariam uma teologia exatamente nesses termos, mas uma concepção não muito diferente espreita no fundo de muitas mentes. Não pretendo ser uma exceção: gostaria muito de viver em um universo que fosse governado por essas regras. Mas,

---
[4]Jeremias 2:5.

visto que é perfeitamente claro que não vivo, e, apesar disso, tenho motivos para crer que Deus é Amor, concluo que minha concepção de amor precisa de correção.

Posso, de fato, ter aprendido, mesmo com os poetas, que o Amor é algo mais severo e esplêndido do que a mera bondade, que mesmo o amor entre os sexos é, como em Dante, "um senhor de aspecto terrível".[5] Existe bondade no Amor, mas Amor e bondade não são contíguos, e, quando a bondade (no sentido dado acima) é separada dos outros elementos do Amor, ela envolve certa indiferença fundamental com relação a seu objeto, e mesmo algo como desprezo por ele. A bondade consente muito prontamente com a remoção de seu objeto — todos nós conhecemos pessoas cuja bondade pelos animais está constantemente levando-as a matá-los para que não sofram. A bondade, meramente como tal, não se importa se seu objeto se torna bom ou mau, contanto que escape do sofrimento. Como a Escritura indica, os bastardos que são mimados: os filhos legítimos, que devem continuar a tradição familiar, são punidos.[6] É para as pessoas com quem não nos importamos que exigimos felicidade em quaisquer termos: com relação a nossos amigos, a quem amamos, a nossos filhos, somos exigentes e preferimos vê-los sofrer muito do que ser felizes

---

[5]*Dante Alighieri (1265–1321), maior poeta italiano. A citação é da sua obra *Vita Nuova* (Vida nova), pequeno livro que escreveu na juventude, misturando prosa e poesia. (*Vida nova*, em PIGNATARI, Décio. *Retrato do amor quando jovem*. São Paulo: Companhia das Letras, 1990, p. 19-89. Tradução de Décio Pignatari.)
[6]Hebreus 12:8.

de maneiras contemptíveis e alienadas. Se Deus é Amor, ele é, por definição, algo mais do que mera bondade. E parece, com base em todos os registros, que, embora frequentemente nos repreenda e nos condene, ele nunca nos olhou com desprezo. Ele nos prestou a intolerável honra de nos amar, no sentido mais profundo, trágico e memorável.

A relação entre Criador e criatura é, naturalmente, única, e não pode ser comparada a qualquer relação entre uma criatura e outra. Deus está tanto mais longe quanto mais perto de nós do que qualquer outro ser. Ele está mais longe de nós porque, comparada à diferença absoluta entre aquilo que tem seu princípio de ser em si mesmo e aquele ao qual o ser é comunicado, a diferença entre um arcanjo e um verme é bastante insignificante. Ele faz, nós somos feitos; ele é original, nós, derivados. Mas, ao mesmo tempo, e pela mesma razão, a intimidade entre Deus e até mesmo a criatura mais vil é mais próxima do que qualquer criatura pode alcançar com outra. Nossa vida é, a cada momento, suprida por ele: nosso minúsculo e miraculoso poder de livre-arbítrio opera apenas em corpos que a energia contínua dele mantém em existência — nosso próprio poder de pensar é seu poder comunicado a nós. Tal relação única pode ser apreendida apenas por analogias: dos vários tipos de amor conhecidos entre as criaturas, chegamos a uma concepção inadequada, mas útil, do amor de Deus pelo homem.

O tipo mais baixo, que é "amor" apenas por uma extensão de significado da palavra, é aquele que o artista sente por um artefato. A relação de Deus com o homem é retratada assim na visão de Jeremias sobre o oleiro e o barro,[7] ou quando Pedro fala de toda a igreja como um edifício no qual Deus está trabalhando, e dos membros individuais como pedras.[8] A limitação dessa analogia é, sem dúvida, que no símbolo o paciente não é senciente, e que certas questões sobre justiça e misericórdia que surgem pelo fato de as "pedras" estarem realmente "vivas", portanto, permanecem sem ser representadas. Mas é uma analogia importante dentro de suas possibilidades. Somos, não metaforicamente, mas *de fato*, uma obra de arte Divina, algo que Deus está fazendo e, portanto, algo com o qual ele não ficará satisfeito até que tenha certo caráter. Aqui, uma vez mais, deparamos com o que chamei de "intolerável honra". Um artista não se esmera muito em um esboço feito à toa para divertir uma criança; ele pode ficar satisfeito mesmo que o esboço não seja exatamente como pretendia que fosse. Mas com respeito ao grande quadro de sua vida — o trabalho que ele ama, embora de maneira diferente, tão intensamente quanto um homem ama uma mulher ou uma mãe ama a um filho — ele terá problemas sem-fim, e, sem dúvida, *causaria* problemas sem-fim para a imagem se ela fosse senciente. Pode-se imaginar uma imagem senciente, depois de ser rasurada e raspada e reiniciada pela décima vez, desejando ser apenas um pequeno esboço cuja feitura terminasse em um minuto. Da mesma forma, é natural desejarmos que Deus nos tivesse projetado um destino menos glorioso e

---

[7]Jeremias 18.
[8]1Pedro 2:5.

menos árduo; mas, nesse caso, não estaremos desejando mais amor, e sim menos.

Outro tipo é o amor de um homem por um animal — uma relação constantemente usada nas Escrituras para simbolizar a relação entre Deus e os homens — "Somos o seu povo, e rebanho do seu pastoreio".[9] De certa forma, essa é uma analogia melhor do que a precedente, porque a parte inferior é senciente e, no entanto, inconfundivelmente inferior; mas é pouco proveitosa na medida em que o homem não fez o animal e não o compreende de modo pleno. O grande mérito da analogia reside no fato de que a associação de, digamos, homem e cão é principalmente para o bem do homem: ele doma o cão principalmente para amá-lo, não para que o cão o ame, e para que o cão o sirva, não para que ele sirva o cão. No entanto, ao mesmo tempo, os interesses do cão não são sacrificados pelos do homem. O único fim (isto é, que o homem ame o cão) não será totalmente alcançado a menos que também, à sua maneira, o cão o ame, nem o cão pode servir o homem a menos que este, de uma maneira diferente, sirva-o. Agora, só porque o cão é, pelos padrões humanos, uma das "melhores" criaturas irracionais e um objeto adequado para um homem amar — é claro, com aquele grau e tipo de amor que é próprio desse objeto, e não com exageros antropomórficos bobos —, o homem interfere no cão e o torna mais adorável do que era por sua natureza. Em seu estado natural, o cão tem um cheiro e hábitos que

---

[9]*Salmos 100:3.

frustram o amor do homem: ele o banha, treina-o para fazer suas necessidades lá fora, ensina-o a não roubar, e é muito capaz de amá-lo completamente. Para o filhote, se ele fosse um teólogo, todo o processo pareceria lançar sérias dúvidas sobre a "bondade" do homem; mas não teria tais dúvidas o cão adulto e totalmente adestrado, maior, mais saudável e mais vivido que o cão selvagem, e admitido, por assim dizer, por meio da Graça, a todo um mundo de afeições, lealdades, interesses e confortos inteiramente além de seu destino animal. Note-se que o homem (estou falando, em todos os aspectos, do homem bom) assume todas essas dores com o cão, e dá atribui todas elas ao cão, só porque esse é um animal muito estimado, pois é quase tão amável que vale a pena torná-lo totalmente amável. O homem não treina a lacraia quanto a suas necessidades nem dá banho em centopeias. Podemos desejar, de fato, ser de tão pouca importância para Deus que ele nos tivesse deixado sozinhos para seguirmos nossos impulsos naturais — que ele desistisse de tentar nos treinar em algo tão diferente de nosso eu natural; no entanto, ainda outra vez, estamos pedindo não por mais Amor, e sim por menos.

Uma analogia mais nobre, sancionada pelo constante teor dos ensinamentos de Nosso Senhor, é aquela entre o amor de Deus pelo homem e o amor de um pai pelo filho. Sempre que ela é usada, porém (isto é, sempre que oramos o Pai-Nosso), deve-se lembrar de que o Salvador a usou em uma época e em um lugar em que a autoridade paterna era muito mais elevada do que na Inglaterra moderna. Um pai que quase pede desculpas por ter trazido o filho ao mundo, com medo de restringi-lo para não criar inibições ou mesmo de instruí-lo para não interferir em sua independência de espírito, é o símbolo mais enganoso da Paternidade Divina. Não estou discutindo aqui se a autoridade dos pais, em sua antiga extensão, era uma coisa boa ou ruim; estou apenas explicando o que a concepção de Paternidade teria significado para os primeiros ouvintes de Nosso Senhor, e na verdade para os sucessores deles por muitos séculos. E ficará ainda mais claro se considerarmos como Nosso Senhor (embora, em nossa crença, um com seu Pai e coeterno com ele como nenhum filho terreno o é com o pai terreno) considera sua própria Filiação, rendendo sua vontade totalmente à vontade paterna sem nem mesmo permitir que o chamem de "bom", pois Bom é o nome do Pai.[10] O amor entre pai e filho, neste símbolo, significa essencialmente amor autoritário de um lado e amor obediente do outro. O pai usa sua autoridade para fazer do filho o tipo de ser humano que, com razão e em sua sabedoria superior, deseja que ele seja. Mesmo em nossos dias, embora um homem pudesse dizer, suas palavras nada significariam se dissesse: "Eu amo meu filho, mas não me importo que ele seja um grande canalha, desde que se divirta".

Finalmente chegamos a uma analogia cheia de perigo, e de aplicação muito mais limitada, que, no entanto, vem ser a mais útil para nosso propósito especial no momento: refiro-me à analogia entre o amor de Deus pelo homem

---

[10]*Mateus 19:17.

e o amor de um homem por uma mulher. Ela é usada livremente nas Escrituras. Israel é uma esposa infiel, mas seu Marido celestial não pode esquecer os dias mais felizes: "Eu me lembro de sua fidelidade quando você era jovem: como noiva, você me amava e me seguia pelo deserto".[11] Israel é a noiva pobre, a criança que seu amante encontrou abandonada à beira do caminho, e vestiu-a, e adornou-a, e tornou-a amável, mas, mesmo assim, ela o traiu.[12] Tiago nos chama de "adúlteros", porque nos fizemos "amigo[s] do mundo", enquanto "o Espírito que ele fez habitar em nós tem fortes ciúmes".[13] A Igreja é a noiva do Senhor, a quem ele ama tanto que nela nenhuma mancha ou ruga é aceitável.[14] Pois, a verdade que essa analogia serve para enfatizar é que o Amor, em sua própria natureza, exige o aperfeiçoamento do ser amado; que a mera "bondade" que tolera qualquer coisa exceto o sofrimento em seu objeto está, a esse respeito, no polo oposto ao Amor. Quando nos apaixonamos por uma mulher, por acaso deixamos de nos importar se ela é limpa ou suja, formosa ou asquerosa? Não preferimos, em lugar disso, *começar* a nos importar? Alguma mulher considera um sinal de amor por parte do homem o fato de ele não saber nem se importar com a aparência dela? O Amor pode, de fato, amar a amada quando a beleza dela

---

[11]Jeremias 2:2.
[12]Ezequiel 16:6-15.
[13]Tiago 4:4-5, tradução errônea da Authorised Version. [*Ao comentar que há um erro de tradução na Authorised Version, Lewis usa a seguinte forma: "Anseia zelosamente pelo espírito que Ele implantou em nós".]
[14]Efésios 5:27.

se perde, mas não porque a beleza se perde. O amor pode perdoar a todas as enfermidades e ainda amar, apesar delas, mas não pode deixar de desejar que elas sejam removidas. O Amor é mais sensível do que o próprio ódio a todas as manchas da pessoa amada; "possui tato mais fino e sensível do que os tenros chifres dos caracóis".[15] De todos os poderes, ele perdoa mais, mas ele tolera menos; ele se agrada de pouco, mas exige tudo.

Quando o cristianismo diz que Deus ama o homem, quer dizer que Deus *ama* o homem: não que ele tenha alguma preocupação "desinteressada", em virtude de uma indiferença real com o nosso bem-estar, mas que, de modo terrível e surpreendentemente verdadeiro, somos objetos de seu amor. Você pediu um Deus amoroso: você tem um. O grande espírito que você invocou tão levianamente, o "senhor de aspecto terrível", está presente: não uma benevolência senil que de modo sonolento deseja que você seja feliz de seu próprio modo, não a filantropia fria de um magistrado consciencioso, nem o cuidado de um anfitrião que se sente responsável pelo conforto de seus convidados, mas o próprio Fogo consumidor,[16] o Amor que fez os mundos, persistente como o amor do artista por sua obra e despótico como o amor de um homem por um cão, providente e venerável como o amor de um pai pelo filho, ciumento, inexorável, exigente como o amor entre os sexos. Como deveria ser, eu não sei: ultrapassa a razão explicar por que quaisquer

---

[15]*William Shakespeare, *Trabalhos de amor perdidos*, Ato IV, Cena III
[16]*Hebreus 12:29; Deuteronômio 9:3.

Bondade Divina

criaturas, para não dizer criaturas como nós, teriam um valor tão prodigioso aos olhos de seu Criador. Certamente é um fardo de glória não apenas além de nossos méritos, mas também, exceto em raros momentos de graça, além de nosso desejo; somos inclinados, como as donzelas da antiga peça, a depreciar o amor de Zeus.[17] Mas o fato parece inquestionável. O Impassível fala como se tivesse sofrido paixão, e aquilo que contém em Si a causa de si mesmo e de todas as outras bem-aventuranças fala como se pudesse estar em necessidade e desejo. "Não é Efraim o meu filho querido? O filho em quem tenho prazer? Cada vez que eu falo sobre ele, mais intensamente me lembro dele. Por isso o meu coração por ele anseia."[18] "Como posso desistir de você, Efraim? Como posso entregar você nas mãos de outros, Israel? [...] O meu coração está enternecido."[19] "Jerusalém, Jerusalém, você, que mata os profetas e apedreja os que lhe são enviados! Quantas vezes eu quis reunir os seus filhos, como a galinha reúne os seus pintinhos debaixo das suas asas, mas vocês não quiseram."[20]

A dificuldade em conciliar o sofrimento humano com a existência de um Deus que ama só é insolúvel enquanto atribuirmos um significado trivial à palavra "amor" e considerarmos as coisas como se o homem fosse o centro delas. O homem não é o centro. Deus não existe por causa do

---

[17] *Prometheus Vinctus*, 887–900. [*Prometeu acorrentado*, de Ésquilo.]
[18] Jeremias 31:20.
[19] Oseias 11:8.
[20] Mateus 23:37.

homem. O homem não existe por si mesmo. "Tu, Senhor e Deus nosso [...] criaste todas as coisas, e por tua vontade elas existem e foram criadas."[21] Fomos feitos, não primariamente para amar a Deus (embora tenhamos sido feitos para isso também), mas para que Deus nos ame, para que sejamos objetos nos quais o amor divino possa descansar "bastante satisfeito". Pedir que o amor de Deus esteja contente conosco como somos é pedir que Deus deixe de ser Deus: porque ele é o que é, seu amor deve, pela natureza das coisas, ser impedido e repelido por certas manchas em nosso caráter presente, e porque ele já nos ama, deve trabalhar para nos tornar amáveis. Não podemos nem mesmo desejar, em nossos melhores momentos, que Deus possa se reconciliar com nossas impurezas presentes — não mais do que a donzela mendiga poderia desejar que o rei Cophetua se contentasse com seus trapos e sujeira,[22] ou um cão, uma vez tendo aprendido a amar o homem, poderia desejar que o homem fosse capaz de tolerar em sua casa a criatura mordedora, verminosa e contaminante da matilha selvagem. O que chamaríamos nesse momento de "felicidade" não é o fim que Deus tem principalmente em vista; mas, quando formos como ele, a ponto de amar sem impedimentos, seremos de fato felizes.

---

[21]Apocalipse 4:11.
[22]*Lord Alfred Tennyson (1809–1892), poeta inglês considerado o principal representante da era vitoriana, citou, no poema "The Beggar Maid" [A donzela mendiga], o lendário rei africano que, sem interesse por mulheres, apaixona-se pela referida jovem.

Bondade Divina

Prevejo claramente que o rumo de minha argumentação pode provocar um protesto. Eu havia prometido que, ao chegar a compreender a bondade Divina, não deveríamos ser solicitados a aceitar uma mera inversão de nossa própria ética. Mas pode-se objetar que uma inversão é precisamente o que nos foi pedido para aceitar. O tipo de amor que atribuo a Deus, pode-se dizer, é exatamente o qual, nos seres humanos, descrevemos como "egoísta" ou "possessivo", e contrasta desfavoravelmente com aquele outro tipo que busca primeiro a felicidade do amado e não o contentamento do que ama. Não tenho certeza se é exatamente isso que sinto, mesmo em relação ao amor humano. Não acho que eu deva valorizar muito o amor de um amigo que se preocupa apenas com a minha felicidade e não se opõe a que eu me torne desonesto. Não obstante, o protesto é bem-vindo e a resposta a ele colocará o assunto sob uma nova luz e corrigirá o que foi unilateral em nossa discussão.

A verdade é que essa antítese entre o amor egoísta e o altruísta não pode ser aplicada de forma inequívoca ao amor de Deus por suas criaturas. Choques de interesse e, portanto, oportunidades de egoísmo ou de altruísmo ocorrem apenas entre seres que habitam um mundo comum: Deus não pode competir com uma criatura assim como Shakespeare não pode competir com Viola.[23] Quando Deus se torna um Homem e vive na Palestina como uma criatura entre suas próprias criaturas, então, de fato, sua

---

[23]*Protagonista da peça *Noite de Reis; ou, O que você quiser*, de Shakespeare. Viola é irmã idêntica de Sebastião e apaixonada por Orsino, Duque da Ilíria.

vida é de suprema abnegação e leva ao Calvário. Um filósofo panteísta moderno disse: "Quando o Absoluto cai no mar, ele se torna um peixe";[24] da mesma forma, nós, cristãos, podemos apontar para a Encarnação e dizer que, quando Deus se esvazia de sua glória e se submete àquelas condições em que somente o egoísmo e o altruísmo têm um significado claro, ele é visto como totalmente altruísta. Mas Deus em sua transcendência — Deus como a base incondicional de todas as condições — não pode ser facilmente imaginado da mesma maneira. Chamamos o amor humano de egoísta quando ele satisfaz as próprias necessidades em detrimento das necessidades do objeto — como quando um pai mantém em casa, porque não consegue abdicar de seu agrupamento familiar, filhos que deveriam, pelos próprios interesses, ser colocados no mundo. A situação implica necessidade ou paixão por parte do que ama, uma necessidade incompatível por parte do amado, e o desprezo do que ama ou a ignorância culposa da necessidade do amado. Nenhuma dessas condições está presente na relação de Deus com o homem. Deus não tem necessidades. O amor humano, como nos ensina Platão, é filho da Pobreza[25] — de uma necessidade ou de uma

---

[24]*Citação do livro *Logic, or The Morphology of Knowledge* [Lógica, ou A morfologia do conhecimento], vol. 2, Livro II, cap. VIII.1.5, p. 257 (Oxford: Clarendon Press, 1911), de Bernard Bosanquet (1848–1923), filósofo e professor universitário inglês. O texto original menciona "ser envolvido pela água" em lugar de "cair no mar".

[25]*Lewis se refere ao mito de Eros, na fala da sacerdotisa Diotima a Sócrates, no diálogo *O banquete*.

carência; é causado por um bem real ou suposto em sua amada, o qual aquele que ama necessita e deseja. Mas o amor de Deus, longe de ser causado pela bondade do objeto, causa toda a bondade que o objeto possui, amando-o primeiramente ao trazê-lo à existência e depois na real, embora derivada, amorabilidade. Deus é Bondade.

Ele pode dar o bem, mas não pode precisar dele ou obtê-lo. Nesse sentido, todo o seu amor é, por assim dizer, insondavelmente abnegado por definição; tem tudo para dar e nada para receber. Portanto, se Deus às vezes fala como se o Impassível pudesse sofrer paixão e a plenitude eterna pudesse estar carente — e carente daqueles seres aos quais tudo concede, de sua simples existência em diante —, isso só pode significar, se significar algo inteligível por nós, que o Deus do mero milagre se fez capaz de ter fome e criou em si mesmo aquilo a que podemos satisfazer. Se ele requer de nós, o requerer é de sua própria escolha. Se o coração imutável pode ser entristecido pelos fantoches de sua própria criação, é a Onipotência Divina, e nenhuma outra coisa, que assim a sujeitou, livremente e com uma humildade que sobrepassa toda a compreensão. Se o mundo existe, não principalmente para que amemos a Deus, mas para que Deus nos ame, ainda esse fato, em um nível mais profundo, é assim para nosso bem. Se aquele a quem em si mesmo nada pode faltar escolhe precisar de nós, é porque carecemos de ser necessários. Antes e por trás de todas as relações de Deus com o homem, como agora as aprendemos com o cristianismo, abre-se muitíssimo o abismo de um ato Divino de pura doação — a eleição do homem, a partir da não existência, para ser o amado de Deus e, portanto (em algum sentido), o necessário e desejado de Deus, que, a não ser por esse ato, nada precisa e deseja, visto que eternamente tem e é toda a bondade. E esse ato é para nosso bem. É bom para nós conhecer o amor; e melhor para nós conhecer o amor do melhor objeto, Deus. Mas conhecê-lo como um amor em que éramos primariamente os pretendentes e Deus, o pretendido, no qual buscamos e ele foi encontrado, no qual ele, em conformidade com nossas necessidades, não as nossas às dele, veio primeiro, seria saber disso em uma forma falsa para a própria natureza das coisas. Pois somos apenas criaturas: nossa função deve ser sempre o de paciente para o agente, da mulher para o homem, do espelho para a luz, do eco para a voz. Nossa mais elevada atividade deve ser resposta, não iniciativa. Experimentar o amor de Deus de forma verdadeira e não ilusória é, portanto, experimentá-lo como nossa rendição a sua demanda, nossa conformidade a seu desejo; experimentá-lo da maneira oposta é, por assim dizer, um solecismo contra a gramática do ser. Não nego, é claro, que em certo nível podemos falar corretamente da busca da alma por Deus, e de Deus como receptivo ao amor da alma; mas, no fim das contas, a busca da alma por Deus pode ser apenas um modo, ou aparência (*Erscheinung*),[26] da busca dele por ela, já que tudo vem dele, já que a própria possibilidade de nosso amor é um dom dele para nós, e

---

[26]*O termo *Erscheinung* (aparência) é usado por Kant em *Crítica da razão pura* ao falar de sua teoria da experiência. Com ele, caracteriza o "objeto indeterminado de uma intuição empírica". Em muitas traduções da obra de Kant para português, o termo é traduzido por "fenômeno".

já que nossa liberdade é apenas uma liberdade de resposta melhor ou pior. Portanto, penso que nada distingue o teísmo pagão do cristianismo de forma tão nítida quanto a doutrina de Aristóteles de que Deus move o universo, ele mesmo imóvel, como o Amado move o que ama.[27] Mas, para a cristandade, "nisto consiste o amor: não em que nós tenhamos amado a Deus, mas em que ele nos amou".[28]

Falta em Deus, portanto, a primeira condição do que é chamado de amor egoísta. Ele não tem necessidades naturais, nem paixão, para competir com seu desejo de bem-estar do amado; ou se há nele algo que temos de imaginar a partir da analogia com uma paixão, um desejo, está aí por sua própria vontade e por nossa causa. E a segunda condição também falta. Os reais interesses de um filho podem diferir daqueles que o afeto do pai instintivamente exige, porque o filho é um ser separado do pai, com uma natureza que tem as próprias necessidades e não existe apenas para o pai, nem encontra sua perfeição em ser amado por ele, natureza essa que o pai não entende totalmente. Mas as criaturas não estão separadas de seu Criador, nem pode ele mal entendê-las. O lugar para o qual ele as designou em seu esquema de coisas é o lugar para o qual foram feitas. Quando o alcançam, sua natureza se realiza e sua felicidade é alcançada: uma fratura no universo foi tratada, a angústia

---

[27] *Metafísica*, Livro XII, parte 7. [*"Portanto, o primeiro movente move como o que é amado, enquanto todas as outras coisas movem sendo movidas." (*Metafísica*, vol. 3, Texto grego com tradução ao lado. São Paulo: Loyola, 2002, p. 563. Tradução de Marcelo Perine.)]
[28] 1João 4:10.

acabou. Quando queremos ser algo diferente daquilo que Deus quer que sejamos, estamos desejando o que, de fato, não nos fará felizes. Essas exigências Divinas, que soam em nossos ouvidos naturais mais como as de um déspota e menos como as de alguém que ama, de fato nos conduzem para onde deveríamos querer ir se soubéssemos o que queremos. Ele exige nossa adoração, nossa obediência, nossa prostração. Será que supomos que essas coisas podem fazer algum bem a ele, ou tememos, como o coro de Milton, que a irreverência humana possa ocasionar "a diminuição de sua glória"?[29] O homem pode diminuir a glória de Deus por recusar-se a adorá-lo tanto quanto um lunático pode apagar o Sol rabiscando a palavra "escuridão" nas paredes de sua cela. Mas Deus quer nosso bem, e nosso bem é amá-lo (com aquele amor responsivo próprio das criaturas), e para amá-lo devemos conhecê-lo; e, se o conhecermos, de fato cairemos com o rosto em terra. Se não o fizermos, isso apenas mostra que o que estamos tentando amar ainda não é Deus — embora possa ser a melhor aproximação de Deus que nosso pensamento e nossa fantasia podem alcançar. No entanto, o chamamento não é apenas para prostração e admiração; é para refletir a vida Divina, uma participação das criaturas nos atributos Divinos que está muito além de nossos desejos presentes. Somos convidados a nos revestir "do Senhor Jesus Cristo",[30] a nos tornar semelhantes a

---

[29]*Da peça *Sansão agonista*, v. 303, de John Milton (1608–1674), poeta e intelectual inglês.
[30]*Romanos 13:13-14.

Bondade Divina

Deus. Ou seja, gostemos disso ou não, Deus pretende nos dar aquilo de que precisamos, não o que agora pensamos que queremos. Uma vez mais, ficamos constrangidos com a intolerável gentileza — por meio de muito amor, não de pouco.

No entanto, talvez mesmo essa visão esteja aquém da verdade. Não é simplesmente que Deus nos tenha feito arbitrariamente de forma que ele seja nosso único bem. Em vez disso, Deus é o único bem de todas as criaturas; e, por necessidade, cada criatura deve encontrar seu bem naquele tipo e naquele grau de fruição de Deus que é próprio da natureza de cada uma. O tipo e o grau podem variar com a natureza da criatura, mas a possibilidade de haver qualquer outro bem é um sonho ateu. George Macdonald, em uma passagem que não consigo encontrar agora, apresenta Deus dizendo aos homens: "Vocês devem ser fortes com minha força e abençoados com minha bênção, *pois não tenho outra coisa para lhes dar*".[31] Essa é a conclusão de todo o assunto. Deus dá o que ele tem, não o que não tem: ele dá a felicidade que existe, não a felicidade que não existe. Só há três alternativas: ser Deus, ser como Deus compartilhando sua bondade na resposta da criatura e ser miserável. Se não aprendermos a comer o único alimento

---

[31]*O trecho se encontra no romance Annals of a Quiet Neighbourhood [Anais de uma vizinhança sossegada], cap. 30, "A Sermon to Myself" [Um sermão para mim mesmo]. Lewis cita a passagem de memória, fazendo dela uma paráfrase. O trecho original diz: "Vejam, meus filhos, vocês nunca serão fortes, a não ser com a MINHA força. Não tenho outra para lhes dar".

que o universo produz — o único alimento que qualquer universo possível pode continuamente produzir —, então, seremos obrigados a sentir fome eternamente.

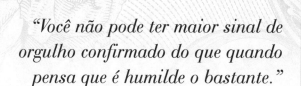

"Você não pode ter maior sinal de orgulho confirmado do que quando pensa que é humilde o bastante."

Law, *Serious Call*, cap. XVI[1]

---

[1]*A Serious Call to a Devout and Holy Life* [Um sério chamamento a uma vida devota e santa], a obra magna de William Law (1686–1761), sacerdote e teólogo místico anglicano.

CAPÍTULO 4

Maldade humana

Os exemplos dados no capítulo anterior mostraram que o amor pode causar dor e sofrimento a seu objeto, mas apenas na suposição de que esse objeto precisa de alteração para se tornar plenamente amável. Mas por que nós, humanos, precisamos de tantas alterações? A resposta cristã — de que usamos nosso livre-arbítrio para nos tornar muito maus — é tão conhecida que nem precisa ser declarada. Mas levar essa doutrina para a vida real na mente dos homens modernos, e mesmo na dos cristãos modernos, é muito difícil. Quando os apóstolos pregavam, eles podiam assumir, até mesmo em seus ouvintes pagãos, uma consciência real do merecimento a ira Divina. Os mistérios pagãos existiam para acalmar essa consciência, e a filosofia epicurista afirmava libertar os homens do medo do castigo eterno.[2] Foi nesse contexto

---

[2]*Mistérios, ou religião de mistérios, refere-se a qualquer culto, ou cerimônia religiosa secreta, no mundo grego e romano antigo do qual apenas iniciados podiam participar, com o fim de alcançar libertação, redenção, purificação e uma vida feliz após a morte. Epicurista é o seguidor de Epicuro (341 a.C.–270 a.C.), filósofo grego que considerava o prazer

O problema da dor

que o evangelho apareceu como boas-novas. Ele promulgou notícias de uma possível cura para homens que sabiam que estavam mortalmente doentes. Mas tudo isso mudou. O cristianismo agora tem de pregar o diagnóstico — em si mesmo, notícias muito ruins — antes que possa ganhar uma audiência para a cura.

Existem duas causas principais. Uma é o fato de que, por cerca de cem anos, temos nos concentrado tanto em uma das virtudes — "bondade" ou misericórdia —, que a maioria de nós não tem nenhuma percepção salvo a de que bondade é algo realmente bom, ou nada além de que crueldade é algo realmente mau. Tais desenvolvimentos éticos desequilibrados não são incomuns, e outras épocas também tiveram suas virtudes prediletas e insensibilidades curiosas. E, se uma virtude deve ser cultivada às custas de todas as outras, nenhuma tem uma reivindicação mais elevada do que a misericórdia, pois todo cristão deve rejeitar com repulsa aquela propaganda dissimulada de crueldade que tenta expulsar a misericórdia do mundo, chamando-a de nomes como "Humanitarismo" e "Sentimentalismo". O verdadeiro problema é que "bondade" é uma qualidade fatalmente fácil de atribuir a nós mesmos por motivos bem inadequados. Todo mundo *se sente* benevolente se nada acontecer para incomodá-lo naquele momento. Assim, um homem facilmente se consola de todos seus outros vícios pela convicção de que "seu coração está no lugar certo" e de

---

como o bem supremo, mas repudiava a busca desenfreada por prazer, que produzia dor e infelicidade. A vida devia ser simples, despojada, o que traria bem-estar e tranquilidade mental.

que "ele não faria mal a uma mosca", embora, na verdade, ele nunca tenha feito o menor sacrifício por um semelhante. Pensamos que somos benevolentes quando estamos simplesmente felizes; não é tão fácil, pelos mesmos motivos, imaginar-se temperante, casto ou humilde.

A segunda causa é o efeito da psicanálise[3] na mente do público e, em particular, a doutrina das repressões e inibições. Não importando o que essas doutrinas realmente signifiquem, a impressão que elas de fato têm deixado na maioria das pessoas é que o sentimento de Vergonha é uma coisa perigosa e perniciosa. Temos labutado para superar essa sensação de retraimento, esse desejo de ocultamento, que ou a própria Natureza ou a tradição de quase toda a humanidade atribui à covardia, à falta de castidade, à falsidade e à inveja. Dizem-nos para "expor todas as coisas", não com o fim da auto-humilhação, mas com base no fato de que essas "coisas" são muito naturais e não precisamos ter vergonha delas. Mas, a menos que o cristianismo seja inteiramente falso, a percepção que temos de nós mesmos em momentos de vergonha deve ser a única verdadeira; e mesmo a sociedade pagã geralmente reconhece a "falta de vergonha" como o nadir da alma. Na tentativa de extirpar a Vergonha, destruímos uma das defesas do espírito humano, exultando loucamente com isso como os troianos exultavam enquanto rompiam seus muros e puxavam o Cavalo para dentro de Troia. Não sei se há algo a fazer além de começar a reconstrução o mais rápido possível.

---

[3]*Veja a menção a Sigmund Freud no cap. 1, nota 15.

É um trabalho insano remover a hipocrisia ao remover a *tentação* à hipocrisia: a "franqueza" das pessoas submersas na vergonha é uma franqueza muito indigna.

A recuperação do antigo senso de pecado é essencial para o cristianismo. Cristo pressupõe que os homens são maus. Até que percebamos de fato que essa sua suposição é verdadeira, embora façamos parte do mundo que ele veio salvar, não faremos parte do público a quem suas palavras são dirigidas. Falta-nos a primeira condição para entender o que ele está falando. E, quando os homens tentam ser cristãos sem essa consciência preliminar do pecado, o resultado está quase fadado a ser certo ressentimento contra Deus, tendo-o como alguém que está sempre fazendo exigências impossíveis e permanece inexplicavelmente zangado. A maioria de nós, algumas vezes, sentiu uma secreta simpatia pelo fazendeiro moribundo que respondeu à dissertação do Vigário sobre o arrependimento, perguntando: "Que mal eu alguma vez fiz a *ele*?".[4] Aí está o verdadeiro erro. O pior que fizemos a Deus foi deixá-lo só — por que ele não pode retribuir o favor? Por que não viver e deixar viver? Que necessidade tem ele, dentre todos os seres, de estar "zangado"? É fácil para ele ser bom!

Mas no momento em que um homem sente uma culpa real — momentos muito raros em nossa vida — todas essas blasfêmias desaparecem. Muito, talvez sintamos, pode ser escusado pelas debilidades humanas, mas não *isto* — esta ação incrivelmente cruel e horrível, que nenhum de nossos

---

[4]*Não foi possível identificar a fonte dessa citação.

Maldade humana

amigos teria feito, da qual mesmo um patife consumado como X teria se envergonhado, isto que jamais neste mundo permitiríamos tornar público. Em tal momento, nós realmente sabemos que nosso caráter, conforme revelado nessa ação, é, e deve ser, odioso para todos os homens bons e, se houver poderes acima do homem, para eles também. Um Deus que não considerasse isso com inapaziguável desgosto não seria um ser bom. Não podemos nem mesmo desejar um Deus assim — é como desejar que todos os narizes do universo fossem abolidos, que o cheiro de feno, rosas ou mar nunca mais fosse desfrutado por criatura alguma, porque nosso próprio hálito fede.

Quando meramente *dizemos* que somos maus, a "ira" de Deus parece uma doutrina bárbara; tão logo *percebemos* nossa maldade, ela parece inevitável, um mero corolário da bondade de Deus. Manter sempre diante de nós o discernimento derivado de um momento como o que venho descrevendo, aprender a detectar a mesma real e inescusável corrupção submersa mais e mais em seus disfarces complexos é, portanto, indispensável para uma compreensão real da fé cristã. Isso não é, obviamente, uma nova doutrina. Não estou tentando nada de muito esplêndido neste capítulo; estou meramente tentando levar meu leitor (e, mais ainda, a mim mesmo) a um *pons asinorum*[5] — a dar o primeiro passo para fora do paraíso dos tolos e da ilusão absoluta. Mas a ilusão se tornou, nos tempos modernos,

---

[5]*A expressão latina significa literalmente "ponte de asno", e é usada para referir-se a um problema que testa com severidade a habilidade de uma pessoa inexperiente.

O problema da dor

tão forte que devo acrescentar algumas considerações que tendem a tornar a realidade menos incrível.

1. Somos enganados por olhar para o exterior das coisas. Supomos não ser muito piores do que Y, a quem todos reconhecem como um tipo de pessoa decente, e certamente (embora não devamos reivindicar isso em voz alta) somos melhores do que o abominável X. Mesmo no nível superficial, é provável que estejamos enganados quanto a isto. Não tenha tanta certeza de que seus amigos pensam que você é tão bom quanto Y. O próprio fato de você tê-lo selecionado para a comparação levanta suspeitas: ele provavelmente está pela cabeça e ombros acima de você e de seu círculo. Mas, suponhamos que a aparência de vocês dois não seja "nada mal". O grau do engano da aparência de Y é algo entre Y e Deus. A dele pode não ser enganosa; você sabe que a sua é. Será que isso parece a você um mero truque, porque eu poderia dizer o mesmo a Y e, portanto, a todos os homens? Mas esse é exatamente o ponto. Todo homem, não muito santo ou muito arrogante, tem de "viver à altura" da aparência externa de outros homens; ele sabe que há algo dentro de si que fica muito abaixo até de seu comportamento público mais descuidado, mesmo de sua conversa mais solta. Em um instante — enquanto seu amigo hesita por uma palavra — que coisas passam por sua mente? Nunca dizemos toda a verdade. Podemos confessar *fatos* feios — a covardia mais cruel ou a impureza mais baixa e prosaica —, mas o *tom* é falso. O próprio ato de confessar — um olhar infinitesimalmente hipócrita, uma pitada de humor — tudo isso dá um jeito de dissociar os fatos de seu próprio eu. Ninguém

poderia imaginar quão familiares e, em certo sentido, congeniais à sua alma essas coisas foram, o quanto são parte de todo o resto: lá no fundo, no sonhador calor interno, elas não tocaram nenhuma nota discordante, não foram nem de perto tão estranhas e destacáveis do resto de você, como parecem quando são transformadas em palavras. Nós insinuamos, e muitas vezes cremos, que os vícios habituais são atos isolados excepcionais, e cometemos o erro oposto sobre nossas virtudes — como o mau jogador de tênis que chama sua forma normal de "dias ruins" e confunde seus raros sucessos com seu normal. Não acho que seja culpa nossa a incapacidade de contar a verdade real sobre nós mesmos; o murmúrio interno persistente de toda a vida, de ódio, ciúme, lascívia, ganância e autocomplacência simplesmente não se manifesta em palavras. Mas o importante é que não devemos confundir nossas elocuções inevitavelmente limitadas com um relato completo do pior que existe dentro de nós.

2. Uma reação — em si mesma saudável — contra as concepções puramente privadas ou domésticas de moralidade está a ocorrer, um redespertar da consciência *social*. Nós nos sentimos envolvidos em um sistema social iníquo e compartilhamos uma culpa corporativa. Isso é muito verdadeiro, mas o inimigo pode explorar até mesmo verdades para nosso engano. Cuidado para não usar a ideia de culpa corporativa para desviar a atenção de suas próprias culpas maçantes e antiquadas, que nada têm a ver com "o sistema" e que podem ser enfrentadas sem esperar pelo milênio. Pois a culpa corporativa talvez não seja, e certamente não é, sentida com a mesma força que a culpa pessoal. Para a

maioria de nós, como agora somos, essa concepção é uma mera escusa para evadir-se do problema real. Quando realmente aprendemos a conhecer nossa corrupção individual, então, de fato, podemos prosseguir pensando na culpa corporativa, e esse pensar nunca será demais. Devemos, porém, aprender a andar antes de correr.

3. Temos uma estranha ilusão de que o mero passar do tempo cancela o pecado. Ouvi outros, e tenho ouvido a mim mesmo, recontando crueldades e falsidades cometidas na infância como se não dissessem respeito ao orador atual, e até mesmo rindo delas. Mas o mero passar do tempo não faz nada ao fato ou à culpa de um pecado. A culpa não é lavada pelo tempo, mas pelo arrependimento e pelo sangue de Cristo: se nos arrependemos desses pecados antigos, devemos nos lembrar do preço pago por nosso perdão e ser humildes. Quanto ao fato do pecado, é provável que alguma coisa o cancele? Todos os tempos estão eternamente presentes para Deus. Acaso não é ao menos possível que ao longo de alguma linha de sua multidimensional eternidade ele veja você sempre em seu quarto de criança arrancando as asas de uma mosca, sempre sendo detestável, mentindo e cobiçando quando era menino, sempre naquele momento de covardia ou insolência quando era um oficial subalterno? Pode ser que a salvação consista não no cancelamento desses momentos eternos, mas na humildade aperfeiçoada que carrega a vergonha para sempre, regozijando-se por isso ter aprestado oportunidade à compaixão de Deus e alegre por isso ser de conhecimento comum ao universo. Talvez naquele momento eterno, o apóstolo Pedro — que ele me perdoe se

Maldade humana

eu estiver errado — negue para sempre seu Mestre. Nesse caso, seria de fato verdade que as alegrias do Céu são, para a maioria de nós, em nossa presente condição, "uma garantia",[6] um antegozo — e certos modos de vida podem tornar esse gozo impossível de lograr. Talvez os perdidos sejam aqueles que não ousam ir a tal lugar *público*. Claro, não sei se isso é verdade; mas penso que vale a pena manter essa possibilidade em mente.

4. Devemos nos resguardar do sentimento de que há "segurança nos números". É natural sentir que, se *todos* os homens são tão maus como os cristãos dizem, então, a maldade deve ser escusável. Se todos os garotos forem mal no exame, não é certo que a prova devia estar muito difícil? E é assim que os mestres daquela escola se sentem, até saber que existem outras escolas onde 90% dos garotos foram aprovados na mesma prova. Então, eles começam a suspeitar que a culpa não esteja nos examinadores. Novamente, muitos de nós já tivemos a experiência de viver em algum bolsão local da sociedade humana — uma escola ou faculdade, um regimento ou profissão em particular em que o ambiente era ruim. E, dentro desse bolsão, certas ações eram consideradas como meramente normais ("Todo mundo faz isso"), e outras, como impraticavelmente virtuosas e quixotescas.[7] Mas, ao emergir daquela sociedade ruim, fizemos a horrível

---

[6]*Efésios 1:14.
[7]*Referência ao personagem principal de *Dom Quixote de La Mancha*, do escritor espanhol Miguel de Cervantes (1547–1616). Significa "o que é nobre, honesto, mas que tem ideais dissociados da realidade, geralmente fadados ao insucesso. Que é pretensioso ou ridículo".

descoberta de que, no mundo exterior, nosso "normal" era o tipo de coisa que nenhuma pessoa decente jamais sonhou em fazer, e nosso "quixotesco" era considerado o padrão mínimo de decência. O que nos pareceram escrúpulos mórbidos e fantásticos enquanto estávamos no "bolsão" vieram a ser os únicos momentos de sanidade que desfrutamos ali. É sábio enfrentar a possibilidade de que a humanidade inteira (sendo uma coisa pequena no universo) seja, na verdade, apenas um desses bolsões locais de mal — uma escola ou um regimento ruins isolados, dentro dos quais a mínima decência é tida por virtude heroica e a absoluta corrupção, por imperfeição perdoável. Mas há alguma evidência — exceto na própria doutrina cristã — de que isso seja assim? Receio que sim. Em primeiro lugar, existem aquelas pessoas estranhas entre nós que não aceitam o padrão local, que demonstram a alarmante verdade de que um comportamento bem diferente é, de fato, possível. Pior ainda: existe o fato de que essas pessoas, mesmo quando amplamente separadas no espaço e no tempo, têm um jeitinho suspeito de concordar umas com as outras no essencial — quase como se estivessem em contato com alguma opinião pública maior fora do bolsão. O que é comum a Zaratustra, Jeremias, Sócrates, Gautama, Cristo[8] e Marco Aurélio[9] é algo bastante substancial. Em terceiro

---

[8] Menciono o Deus Encarnado entre os mestres humanos para enfatizar o fato de que a *principal* diferença entre este e aqueles não reside no ensino ético (que é aqui minha preocupação), mas na Pessoa e no Ofício.
[9]*Zaratustra, ou Zoroastro (c. 630 a.C.–c. 553 a.C.), profeta persa, fundador do zoroastrismo. Jeremias (c. 652 a.C.–c. 570 a.C.), profeta hebreu que atuou durante os últimos quarenta anos do Reino do Sul (Judá). Sócrates (470 a.C.–399 a.C.), filósofo grego, considerado o "Pai

Maldade humana

lugar, encontramos em nós mesmos agora uma aprovação teórica desse comportamento que ninguém pratica. Mesmo dentro do bolsão, não dizemos que justiça, misericórdia, fortaleza e temperança não têm valor, mas apenas que o costume local é tão justo, corajoso, temperante e misericordioso quanto se pode razoavelmente esperar. Começa a parecer que as regras negligenciadas da escola, mesmo dentro dessa escola ruim, estavam ligadas a algum mundo maior — e que, quando o semestre terminar, talvez nos encontremos diante da opinião pública desse mundo maior. Mas o pior de tudo é o seguinte: não podemos deixar de ver que apenas o grau de virtude que agora consideramos impraticável tem a possibilidade de salvar nossa raça do desastre, mesmo neste planeta. O padrão que parece ter vindo de fora para o "bolsão" acaba sendo terrivelmente relevante para as condições dentro do bolsão — tão relevante que uma prática constante de virtude por parte da humanidade, mesmo que por dez anos, encheria a terra de polo a polo com paz, abundância, saúde, folguedo e tranquilidade, e nada mais o fará. Pode ser o costume, aqui embaixo, tratar as regras regimentais como

---

da filosofia". Sidarta Gautama nasceu no quinto ou no sexto século a.C. Era príncipe de uma casta imperial. Quando Gautama tinha poucos dias de vida, um homem santo profetizou que ele seria um grande líder espiritual. Na juventude, tornou-se peregrino. Sentado debaixo de uma figueira sagrada, em meditação, teria travado uma batalha contra Mara, um demônio que representa as paixões enganadoras. Tendo vencido, Sidarta recebeu a Iluminação e se tornou um Buda, ou seja, "uma pessoa que alcançou a plena iluminação". Marco Aurélio (121–180), imperador romano, considerado um governante culto e que obteve sucesso em seu reinado. Foi também filósofo estoico; escreveu *Meditações*.

letra morta ou um conselho de perfeição; mas, mesmo agora, quem se detém para pensar pode ver que, quando enfrentarmos o inimigo, essa negligência custará a vida de cada um de nós. É então que invejamos o "mórbido", o "pedante" ou "entusiasta", que realmente *tem* ensinado sua companhia a atirar e cavar e poupar a água de suas garrafas.

5. A sociedade mais ampla com a qual contrasto aqui o "bolsão" humano pode não existir de acordo com algumas pessoas e, de qualquer forma, não temos experiência dela. Não encontramos anjos ou raças não caídas. Mas podemos ter alguma noção da verdade mesmo dentro de nossa própria raça. Diferentes eras e culturas podem ser consideradas "bolsões" em relação às outras. Eu disse, algumas páginas atrás, que diferentes eras destacavam-se em diferentes virtudes. Se, então, você alguma vez se sentir tentado a pensar que nós, europeus ocidentais modernos, não podemos realmente ser tão maus porque somos, comparativamente falando, humanos — se, em outras palavras, você acha que Deus pode estar contente conosco com base nisso —, pergunte a si mesmo se acha que Deus devia estar contente com a crueldade de eras cruéis pelo fato de se destacarem em coragem ou castidade. Você verá imediatamente que isso é uma impossibilidade. Ao considerar o que a crueldade de nossos ancestrais parece para nós, pode-se ter uma noção de como nossa fraqueza, nosso mundanismo e nossa timidez teriam parecido para eles e, consequentemente, como devem parecer para Deus.

6. Talvez minha insistência na palavra "bondade" já tenha despertado um protesto na mente de alguns leitores.

Não somos realmente uma era cada vez mais cruel? Talvez sejamos, mas penso que nos tornamos assim na tentativa de reduzir todas as virtudes à bondade. Pois Platão acertadamente ensinou que a virtude é algo único.[10] Você não pode ser bondoso a menos que tenha todas as outras virtudes. Se, sendo covarde, presunçoso e indolente, você não causou ainda um grande mal a um semelhante, é apenas porque o bem-estar de seu próximo ainda não entrou em conflito com sua própria segurança, autoaprovação ou com seu conforto. Todo vício leva à crueldade. Mesmo uma emoção boa, a piedade, se não for controlada pela caridade e pela justiça, leva da raiva à crueldade. A maioria das atrocidades é estimulada por causa das atrocidades do inimigo; e a pena pelas classes oprimidas, quando separada da lei moral como um todo, leva, por meio de um processo muito natural, às brutalidades incessantes de um reinado de terror.

7. Alguns teólogos modernos têm, muito corretamente, protestado contra uma interpretação excessivamente moralista do cristianismo. A Santidade de Deus ultrapassa a perfeição moral e difere dela: sua reivindicação sobre nós ultrapassa a reivindicação do dever moral e difere dele. Não nego isso, mas essa concepção, como aquela da culpa corporativa, é muito facilmente usada como uma evasão do problema real. Deus pode ser mais do que bondade moral: ele não é menos. A estrada para a Terra Prometida passa pelo Sinai.

---

[10]*Referência a *República*, Livro IV (445c): "Quer parecer-me que há uma forma única de virtude, enquanto são infinitas as do vício" (Belém: Editora Universitária Universidade Federal do Pará, 2000, p. 224. Tradução de Carlos Alberto Nunes).

A lei moral pode existir para ser transcendida, mas não há como transcendê-la para aqueles que primeiro não admitiram as reivindicações dela sobre si mesmos e, então, tentaram com todas as forças atender a essa reivindicação, e enfrentaram de forma justa e direta o fato de seu próprio fracasso.

8. "Quando alguém for tentado, jamais deverá dizer: 'Estou sendo tentado por Deus'."[11] Muitas escolas de pensamento nos encorajam a transferir, de nossos próprios ombros para alguma necessidade inerente à natureza da vida humana, a responsabilidade por nosso comportamento e passá-la, assim, indiretamente, para o Criador. As formas populares desse ponto de vista são a doutrina evolucionária, que diz que o que chamamos de maldade é um legado inevitável de nossos ancestrais animais, e a doutrina idealista de que isso é meramente um resultado de sermos finitos.[12] Ora, o cristianismo, se entendi as epístolas paulinas, admite, sim, que a obediência perfeita à lei moral, que encontramos escrita em nosso coração e percebemos ser necessária mesmo no nível biológico, não é de fato possível aos homens. Isso levantaria uma dificuldade real sobre nossa responsabilidade, se a obediência perfeita tivesse qualquer relação prática com a vida da maioria de nós. Algum grau de obediência que você e eu falhamos em alcançar nas últimas 24 horas é certamente possível. O problema máximo não deve ser usado como mais um meio de evasão. A maioria de nós está menos

---

[11] Tiago 1:13.
[12] *Veja a Carta VIII de *Cartas a Malcolm* (Rio de Janeiro: Thomas Nelson Brasil, 2019. Tradução de Francisco Nunes), especialmente p. 70-71.

urgentemente preocupada com a questão paulina do que com a simples declaração de William Law: "Se você parar aqui e se perguntar por que não é tão piedoso quanto os cristãos primitivos eram, seu próprio coração lhe dirá que não é nem por ignorância nem por inabilidade, mas simplesmente porque você nunca o pretendeu totalmente."[13]

Este capítulo terá sido mal interpretado se alguém o descrever como um restabelecimento da doutrina da Depravação Total. Não creio nela, em parte pelo fundamento lógico de que, se nossa depravação fosse total, não saberíamos que somos depravados, e em parte porque a experiência nos mostra muita bondade na natureza humana. Tampouco estou recomendando a melancolia universal. A emoção da vergonha tem sido valorizada não como emoção, mas por causa da percepção a que leva. Penso que essa percepção deva ser duradoura na mente de cada homem; mas, se as emoções dolorosas que a acompanham também devem ser estimuladas, há um problema técnico de direção espiritual, sobre o qual, como leigo, tenho pouca vocação para falar. Minha própria ideia, se serve de alguma coisa, julga que é simplesmente má toda tristeza que não surge do arrependimento de um pecado concreto e apressa-se em direção a uma correção e restituição concreta ou, então, da piedade e apressa-se para a assistência ativa; e penso que todos pecamos por desobedecer desnecessariamente à injunção apostólica de alegrar-se muito por qualquer outra coisa.[14]

---

[13] *Serious Call*, cap. 2
[14] *Filipenses 3:1; 4:4.

A humildade, após o primeiro choque, é uma virtude alegre: é o incrédulo de mente elevada que tenta desesperadamente, apesar de encarar repetidas desilusões, manter sua "fé na natureza humana", que é realmente triste. Meu objetivo é um efeito intelectual, não emocional: tenho tentado fazer o leitor crer que de fato somos, no presente momento, criaturas cujo caráter deve ser, em alguns aspectos, um horror a Deus; tal como nosso caráter é, quando realmente o vemos, um horror para nós mesmos. Creio que isso seja um fato, e noto que quanto mais santo um homem é, mais plenamente está cônscio desse fato. Talvez você tenha imaginado que essa humildade nos santos é uma ilusão piedosa para a qual Deus sorri. Esse é um erro muito perigoso. É perigoso em seu aspecto teórico, porque faz você identificar uma virtude (isto é, uma perfeição) com uma ilusão (isto é, uma imperfeição), o que só pode ser um contrassenso. É perigoso em seu aspecto prático, porque encoraja o homem a confundir suas primeiras percepções sobre a própria corrupção com o início de um halo em torno da própria cabeça boba. Não; apoie-se nisto: quando os santos dizem que eles — mesmo eles — são vis, eles estão registrando a verdade com acurácia científica.

Como surgiu esse estado de coisas? No próximo capítulo, apresentarei tudo o que consigo entender da resposta cristã a essa pergunta.

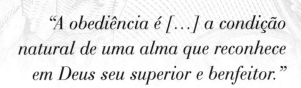

"A obediência é [...] a condição natural de uma alma que reconhece em Deus seu superior e benfeitor."

MONTAIGNE II, xii[1]

---

[1]*Michel de Montaigne (1533–1592), escritor, jurista, político e filósofo francês. Nesta citação, ele é, na verdade, o autor, não o nome do livro. Sua obra *Ensaios*, aqui citada por Lewis, tornou-se uma das mais influentes do Renascimento e inaugurou um novo gênero literário. Em português, foi publicada como *Montaigne*, Coleção Os Pensadores (São Paulo: Abril Cultural, 1984, p. 226. Tradução de Sérgio Millet).

CAPÍTULO 5

A Queda do homem

A resposta cristã à pergunta proposta no último capítulo está na doutrina da Queda. De acordo com ela, o homem agora é um horror para Deus e para si mesmo e uma criatura mal adaptada ao universo, não porque Deus o fez assim, mas porque o próprio ser humano se fez assim pelo mau uso de seu livre-arbítrio. Em minha opinião, esta é a única função da doutrina: proteger-nos de duas teorias subcristãs a respeito origem do mal, o monismo,[2] segundo o qual o próprio Deus, estando "acima do bem e do mal", produz imparcialmente os efeitos a que damos esses dois nomes; e o dualismo,[3] segundo o qual Deus produz o bem,

---

[2]*Doutrina segundo a qual o Ser — que apresenta apenas uma multiplicidade aparente — procede de um único princípio, e é reconduzido a uma única realidade: a matéria ou principalmente o espírito (DUROZOI, G. e ROUSSEL, A. *Dicionário de Filosofia*. Campinas, Papirus, 1993. Tradução de Marina Appenzeller).

[3]*De origem gnóstica, esse entendimento faz profunda distinção entre matéria, que é essencialmente má, e espírito, que é essencialmente bom, cada um deles criado por uma entidade distinta e fundamental.

enquanto algum Poder igual e independente produz o mal. Contra esses dois pontos de vista, o cristianismo afirma que Deus é bom; que ele fez todas as coisas boas e para o bem da bondade delas mesmas; que uma das coisas boas que ele fez, a saber, o livre-arbítrio das criaturas racionais, por sua própria natureza incluía a possibilidade do mal; e que as criaturas, aproveitando-se dessa possibilidade, tornaram-se más. Ora, essa função — a única que aceito sobre a doutrina da Queda — deve ser distinguida de duas outras que, por vezes, parece-me, são apresentadas como se fossem desempenhadas por ela, mas as quais rejeito. Em primeiro lugar, não acho que a doutrina responda à pergunta: "Foi melhor para Deus criar do que não criar?". Essa é uma pergunta que já recusei. Como creio que Deus é bom, tenho certeza de que, se a pergunta tiver um sentido, a resposta deve ser "Sim". Mas duvido que a pergunta tenha algum sentido; e, mesmo que tenha, estou certo de que a resposta não pode ser obtida pelo tipo de juízo de valor que os homens podem fazer de forma significativa. Em segundo lugar, não acho que a doutrina da Queda possa ser usada para mostrar que é "justo", em termos de justiça retributiva, punir indivíduos pelas faltas de seus ancestrais remotos. Algumas formas da doutrina parecem envolver isso, mas eu questiono se alguma delas, como entendido por seus expoentes, realmente quer dizer isso. Os pais da igreja[4] podem às vezes dizer que somos punidos pelo

---

[4]*Termo utilizado a partir de 95 d.C., aproximadamente, em referência a líderes eclesiásticos que propagaram e aplicaram a fé apostólica.

pecado de Adão, mas dizem, com muito mais frequência, que pecamos "em Adão". Pode ser impossível descobrir o que eles queriam dizer com isso, ou podemos decidir que o sentido que queriam dar estava errado. Mas não acho que possamos descartar sua forma de falar como mera "figura de linguagem". Sabiamente, ou tolamente, eles acreditaram que estávamos *de fato* — e não apenas por meio de uma ficção jurídica — envolvidos na ação de Adão. A tentativa de formular essa crença ao dizer que estávamos "em" Adão em um sentido físico — Adão sendo o primeiro veículo do "plasma germinativo imortal"[5] — pode ser inaceitável, mas é, obviamente, um problema adicional saber se a crença em si é apenas uma confusão ou uma percepção real das realidades espirituais além do nosso alcance normal. No momento, entretanto, essa questão não se apresenta, pois, como já disse, não tenho intenção de argumentar que o recair sobre o homem moderno das incapacidades contraídas por seus ancestrais remotos seja um espécime de justiça retributiva. Para mim, é antes um espécime daquelas coisas necessariamente envolvidas na criação de um mundo estável que consideramos no segundo capítulo. Sem dúvida, teria sido possível para Deus remover por milagre os resultados do primeiro pecado cometido por um ser humano; mas isso não teria sido muito bom, a menos que ele estivesse preparado para remover os resultados do segundo

---

[5]*"Plasma germinativo" foi uma hipótese defendida pelo biólogo evolucionista alemão Friedrich Leopold August Weismann (1834–1914) que, modernamente, corresponde a "material genético".

pecado e do terceiro, e assim por diante, para sempre. Se os milagres cessassem, então, mais cedo ou mais tarde, teríamos alcançado nossa atual situação lamentável; se não cessassem, então um mundo, assim continuamente desprotegido e corrigido pela interferência divina, teria sido um mundo em que nada de importante dependeria da escolha humana e em que a própria escolha logo deixaria de ter a certeza de que uma das visíveis alternativas propostas não levaria a resultado algum e, portanto, não era realmente uma alternativa. Como vimos, a liberdade do enxadrista de jogar depende da rigidez das casas e dos movimentos.

Tendo isolado o que considero ser a verdadeira importância da doutrina de que o Homem caiu, consideremos agora a doutrina em si. A narrativa do Gênesis é uma história (cheia da mais profunda sugestão) sobre uma maçã[6] mágica do conhecimento; mas, na doutrina desenvolvida, a magia inerente da maçã desapareceu completamente de vista, e a narrativa é simplesmente uma história de desobediência. Tenho o mais profundo respeito até pelos mitos pagãos, ainda mais pelos mitos da Sagrada Escritura. Portanto, não tenho dúvidas de que a versão que enfatiza a maçã mágica e reúne a Árvore da Vida e do Conhecimento contém uma verdade mais profunda e sutil do que a versão que torna a maçã, simplesmente e unicamente, um juramento de obediência. Mas suponho que o Espírito Santo não teria permitido que esta última se desenvolvesse

---

[6]*Embora a religião popular diga que o fruto proibido era uma maçã, essa informação não se encontra em Gênesis.

na Igreja e ganhasse o consentimento de grandes doutores, a menos que também fosse verdadeira e útil no âmbito a que pudesse chegar. É essa versão que discutirei, porque, embora suspeite que a versão primitiva seja muito mais profunda, sei que, de qualquer forma, não posso penetrar em suas profundezas. Devo dar a meus leitores não o melhor de forma absoluta, mas o melhor que tenho.

Na doutrina desenvolvida, então, afirma-se que o Homem, como Deus o fez, era completamente bom e completamente feliz, mas que desobedeceu a Deus e se tornou o que agora vemos. Muitas pessoas pensam que essa proposição foi provada como falsa pela ciência moderna. "Agora sabemos", é dito, "que, muito longe de terem caído de um estado primitivo de virtude e felicidade, os homens lentamente se levantaram da brutalidade e da selvageria". Parece-me haver uma completa confusão nesse ponto. *Bruto* e *selvagem* pertencem àquela infeliz classe de palavras que às vezes são usadas retoricamente, como termos de reprovação, e às vezes cientificamente, como termos de descrição; e o argumento pseudocientífico contra a Queda depende de uma confusão entre os usos. Se, ao dizer que o homem saiu da brutalidade, você quer apenas dizer que o homem descende fisicamente dos animais, não tenho objeções. Mas isso não significa que, quanto mais para trás você for, mais *brutal* — no sentido de perverso ou ignóbil — você descobrirá que o homem é. Nenhum animal tem virtude moral, mas não é verdade que todo comportamento animal seja do tipo a que se poderia chamar de "mau" se fosse praticado por homens. Pelo contrário, nem todos os animais tratam outras criaturas da própria espécie tão mal quanto os homens tratam seus semelhantes. Nem todos são tão glutões ou lascivos quanto nós, e nenhum animal é ambicioso. Da mesma forma, se você disser que os primeiros homens foram "selvagens", querendo com isso dizer que seus artefatos eram poucos e desajeitados como os dos "selvagens" modernos, você pode estar certo; mas, se quiser indicar com isso que eles eram "selvagens" no sentido de serem impudicos, ferozes, cruéis e traiçoeiros, você estará indo além das evidências de que dispõe, e isso por dois motivos. Em primeiro lugar, antropólogos e missionários modernos estão menos inclinados do que os antecessores deles a endossar a imagem desfavorável que você tem até mesmo do selvagem moderno. Em segundo lugar, você não pode argumentar, a partir dos artefatos dos homens primitivos, que eles eram em todos os aspectos como os povos contemporâneos que fazem artefatos semelhantes. Devemos estar aqui precavidos contra uma ilusão que o estudo do homem pré-histórico parece naturalmente gerar. Só podemos conhecê-lo, por ser pré-histórico, pelas coisas materiais que fez — ou melhor, por uma seleção casual entre as coisas mais duráveis que fez. Não é culpa dos arqueólogos que eles não tenham melhores evidências; no entanto, essa escassez constitui uma tentação contínua de inferir mais do que se tem qualquer direito de inferir, de assumir que a comunidade que fez os artefatos superiores era superior em todos os aspectos. Todos podem ver que a suposição é falsa. Ela levaria à conclusão de que as classes ociosas de nosso tempo seriam, em todos os aspectos, superiores às da Era Vitoriana. É evidente que os homens pré-históricos que fizeram a pior cerâmica podem ter feito

A Queda do homem

a melhor poesia, e nós nunca saberemos disso. E a suposição se torna ainda mais absurda quando comparamos homens pré-históricos com selvagens modernos. A similar rudeza dos artefatos aqui nada nos diz sobre a inteligência ou a virtude dos que os fabricaram. O que é aprendido por tentativa e erro deve começar por ser rude, qualquer que seja o caráter do iniciante. O mesmo pote que provaria que seu fabricante é um gênio, se fosse o primeiro a ser feito no mundo, também comprovaria que seu fabricante é um estúpido, se viesse após milênios de fabricação de potes. Toda a consideração moderna a respeito do homem primitivo é baseada naquela idolatria aos artefatos, que é um grande pecado corporativo de nossa civilização. Esquecemos que nossos ancestrais pré-históricos fizeram todas as descobertas mais úteis, exceto a do clorofórmio,[7] que já foram feitas. A eles devemos a linguagem, a família, as roupas, o uso do fogo, a domesticação dos animais, a roda, o navio, a poesia e a agricultura.

A ciência, então, nada tem a dizer a favor ou contra a doutrina da Queda. Uma dificuldade mais filosófica foi levantada pelo teólogo moderno, com quem todos os estudiosos do assunto estão em dívida.[8] Este escritor aponta que

---

[7]*Líquido incolor e volátil obtido em 1831 pelos químicos Samuel Guthrie e Eugene Souberian, foi usado, a partir de 1847, como anestésico em cirurgias e partos. Esse uso foi posteriormente abandonado, pois a substância podia causar necrose hepática e renal no paciente, bem como parada cardíaca súbita.
[8]N. P. Williams. *The Ideas of the Fall and of Original Sin* [As ideias da Queda e do Pecado Original], p. 516. [*Norman Powell Williams (1883–1943), teólogo e sacerdote anglo-católico inglês.]

a ideia de pecado pressupõe uma lei contra a qual pecar, e, uma vez que levaria séculos para o "instinto de rebanho" se cristalizar em um costume e para o costume solidificar-se em uma lei, o primeiro homem — caso tenha existido em algum tempo um ser que pudesse ser assim descrito — não poderia cometer o primeiro pecado. Esse argumento assume que a virtude e o instinto de rebanho comumente coincidem e que o "primeiro pecado" foi em essência um pecado *social*. Mas a doutrina tradicional aponta para um pecado contra Deus, um ato de desobediência, não um pecado contra o próximo. E, certamente, se quisermos manter a doutrina da Queda em qualquer sentido real, devemos procurar o grande pecado em um nível mais profundo e atemporal que o da moralidade social.

Esse pecado foi descrito por Agostinho como o resultado do Orgulho, do movimento pelo qual uma criatura (isto é, um ser essencialmente dependente cujo princípio de existência não está em si, mas em outro) tenta se estabelecer, existir por si.[9] Tal pecado não requer condições sociais complexas, nenhuma experiência extensa, nenhum grande desenvolvimento intelectual. A partir do momento em que uma criatura se torna consciente de Deus como tal e de si mesma como um eu, a terrível alternativa de escolher Deus ou o eu como centro se abre para ela. Esse pecado é cometido diariamente por crianças e por camponeses ignorantes, bem como por pessoas sofisticadas,

---

[9]*De Civitate Dei*, XIV, xiii. [*A cidade de Deus, escrito por Agostinho de Hipona (354–430).]

por solitários não menos do que por aqueles que vivem em sociedade; é a queda em cada vida individual, e em cada dia de cada vida individual, o pecado básico por trás de todos os pecados em particular — neste exato momento você e eu o estamos cometendo, ou prestes a cometê-lo, ou dele nos arrependendo. Tentamos, ao acordar, colocar o novo dia aos pés de Deus; antes de terminarmos de fazer a barba, torna-se o nosso dia e a parte de Deus nele é sentida como um tributo que devemos pagar do "nosso" bolso, um desconto do tempo que deve, nós sentimos, ser "nosso". Um homem começa um novo trabalho com uma percepção de vocação e, talvez, na primeira semana ainda mantenha o cumprimento da vocação como seu fim, tomando prazeres e dores das mãos de Deus, à medida que eles vêm, como "acidentes". Mas, na segunda semana, ele está começando a "saber como é que a banda toca"; na terceira, ele extraiu do trabalho todo o seu plano próprio para si mesmo dentro daquele emprego, e, quando o coloca em prática, sente que não está conseguindo mais do que seus direitos, e, quando não o faz, sente que estão interferido em seu trabalho. O amante, em obediência a um impulso totalmente incalculável, que pode ser cheio de boa vontade bem como de desejo, e não precisa se esquecer de Deus, abraça sua amada e, então, muito inocentemente, experimenta uma sensação de prazer sexual; mas o segundo abraço pode ter esse prazer em vista, pode ser um meio para um fim, pode ser o primeiro passo descendente em direção ao estado de considerar um semelhante como uma coisa, como uma máquina a ser usada para seu prazer. Assim, a flor da inocência, o elemento de obediência e a prontidão para receber o que vier é apagado de todas as atividades. Os pensamentos empreendidos com respeito a Deus — como aquele em que estamos envolvidos no momento — continuam como se fossem um fim em si mesmos; depois, como se nosso prazer em pensar fosse o fim, e, por fim, como se nosso orgulho ou nossa consagração fosse o fim. Assim, durante todo o dia, e durante todos os dias de nossa vida, estamos escorregando, deslizando, caindo — como se Deus fosse, para nossa consciência presente, um plano inclinado e liso no qual não há descanso. E, de fato, agora somos de tal natureza que temos de cometer erros, e o pecado, por ser inevitável, pode ser venial. Mas Deus não pode nos ter feito assim. A gravitação para longe de Deus, "a jornada de volta ao eu habitual",[10] deve, pensamos, ser um produto da Queda. O que aconteceu exatamente quando o Homem caiu, isso não sabemos; mas, se for legítimo supor, ofereço a seguinte imagem: um "mito" no sentido socrático,[11] um conto nada improvável.

Por longos séculos, Deus aperfeiçoou a forma animal que se tornaria o veículo da humanidade e a imagem de

---

[10]*Citação de *Endymion* II, 276, longo poema de John Keats (1795–1821), poeta inglês, tido como o último dos poetas românticos da Inglaterra.

[11]Isto é, um relato do que *pode ter sido* o fato histórico. Não deve ser confundido com "mito" no sentido do dr. Niebuhr (isto é, uma representação simbólica da verdade não histórica). [*Karl Paul Reinhold Niebuhr (1892–1971), teólogo protestante e cientista político norte-americano, crítico do liberalismo teológico dos anos 1920.]

A Queda do homem

si mesmo. Ele lhe deu mãos cujo polegar poderia alcançar cada um dos dedos, e mandíbulas, dentes e garganta capazes de se articular, e um cérebro suficientemente complexo para executar todos os movimentos materiais pelos quais o pensamento racional se encarna. A criatura pode ter existido por muito tempo nesse estado antes de se tornar homem: pode até ter sido inteligente o suficiente para fazer coisas que um arqueólogo moderno aceitaria como prova de sua humanidade. Mas era apenas um animal porque todos os seus processos físicos e psíquicos eram direcionados para fins puramente materiais e naturais. Então, na plenitude dos tempos, Deus fez descer sobre esse organismo, tanto em sua psicologia quanto em sua fisiologia, um novo tipo de consciência que poderia dizer "eu" e "mim", que poderia se olhar como um sujeito, que conhecia Deus, que podia julgar a verdade, a beleza e a bondade, e que estava tão acima do tempo que podia percebê-lo fluindo e se tornando passado. Essa nova consciência governou e iluminou todo o organismo, inundando cada parte dele com luz, e não estava, como a nossa, limitada a uma seleção dos movimentos que aconteciam em uma parte do organismo, ou seja, o cérebro. O homem era, então, totalmente consciência. O iogue moderno afirma — falsamente ou verdadeiramente — ter sob controle aquelas funções que para nós são quase parte do mundo exterior, como digestão e circulação. Esse poder o primeiro homem tinha de sobra. Seus processos orgânicos obedeciam à lei de sua própria vontade, não à lei da natureza. Seus órgãos elevaram o apetite ao tribunal da vontade, não porque fosse necessário, mas porque ele escolheu. O sono significava para ele não o estupor que sofremos, mas o repouso desejado e consciente — ele permanecia acordado para desfrutar do prazer e do dever de dormir. Visto que os processos de decomposição e cura em seus tecidos eram igualmente conscientes e obedientes, pode não ser fantasioso supor que a duração de sua vida dependia em grande parte de seu próprio arbítrio. Comandando totalmente a si mesmo, ele capitaneava todas as vidas inferiores com as quais entrara em contato. Mesmo agora, encontramos raros indivíduos que possuem um misterioso poder de domar feras. Esse poder, o homem Paradisíaco desfrutava com sublimidade. A velha imagem dos animais se divertindo e "abanando o rabo" diante de Adão pode não ser totalmente simbólica. Mesmo agora, mais animais do que você poderia esperar estão prontos para adorar o homem se lhes for dada uma oportunidade razoável, pois o homem foi feito para ser o sacerdote e até mesmo, em certo sentido, o Cristo dos animais — o mediador por meio do qual eles apreendem muito do esplendor Divino conforme sua natureza irracional lhes permite. E Deus não era para esse homem uma superfície escorregadia e inclinada. A nova consciência foi feita para repousar em seu Criador, e assim foi. Por mais rica e variada que seja a experiência que o homem tenha com seus companheiros (ou companheiro) na caridade e na amizade e no amor sexual, ou com os animais, ou com o mundo ao redor quando, pela primeira vez, foi reconhecida como bela e terrível, Deus veio primeiro no amor e no pensamento do homem, e isso sem esforço doloroso. Em movimento cíclico perfeito, o ser, o poder e

A Queda do homem

a alegria desceram de Deus ao homem na forma de dom e retornaram do homem a Deus na forma de amor obediente e adoração extática, e, nesse sentido, embora não em todos, o homem era, naquele tempo, verdadeiramente o filho de Deus, o protótipo de Cristo, desempenhando perfeitamente com alegria e facilidade todas as faculdades e todos os sentidos daquela entrega filial que Nosso Senhor realizou nas agonias da crucificação.

Julgada por seus artefatos, ou talvez até por sua linguagem, essa criatura abençoada era, sem dúvida, um selvagem. O homem ainda precisava aprender toda aquela experiência e prática que pode ser ensinada: se ele lascou pederneiras, sem dúvida ele as lascou de forma muito desajeitada. Ele pode ter sido totalmente incapaz de expressar em forma conceitual sua experiência paradisíaca. Tudo isso é totalmente irrelevante. Desde a nossa própria infância, lembramos que, antes que os mais velhos nos considerassem capazes de "entender" qualquer coisa, já tínhamos experiências espirituais tão puras e significativas como todas as que passamos desde então, embora não, é claro, tão ricas em contexto factual. Aprendemos do próprio cristianismo que há um nível — ao cabo, o único nível de importância — em que o erudito e o adulto não têm nenhuma vantagem sobre o símplice e a criança. Não tenho dúvidas de que se, o homem Paradisíaco pudesse agora aparecer entre nós, deveríamos considerá-lo um selvagem absoluto, uma criatura a ser explorada ou, na melhor das hipóteses, a ser tratada com condescendência. Apenas um ou dois, e este sendo os mais santos entre nós, olhariam mais de uma vez para a criatura nua, de barba desgrenhada e fala lenta; mas eles, depois de alguns minutos, cairiam aos pés dela.

Não sabemos quantas dessas criaturas Deus fez, nem por quanto tempo permaneceram no estado Paradisíaco. No entanto, mais cedo ou mais tarde, elas caíram. Alguém ou algo sussurrou que elas poderiam se tornar como deuses — que poderiam deixar de conduzir a vida ao seu Criador e tomar todos os deleites dela como misericórdias não convencionadas, como "acidentes" (no sentido lógico) que surgiram no curso de uma vida dirigida não para esses deleites, mas para a adoração a Deus. Como um jovem quer uma mesada regular do pai, a qual ele pode contar como um bem de sua propriedade, com a qual ele faz seus planos (e com razão, pois seu pai é, afinal, um semelhante), naquela ocasião, as criaturas desejaram ficar por conta própria, cuidar do próprio futuro, planejar o prazer e a segurança, ter um *meum*[12] do qual, sem dúvida, prestariam algum tributo razoável a Deus na forma de tempo, atenção e amor, o qual, no entanto, era delas, não dele. Elas queriam, como dizemos, "chamar de sua a própria alma".[13] Mas isso significa viver uma mentira, pois nossa alma não é, de fato, propriedade nossa. Elas queriam algum canto no universo do qual pudessem dizer a Deus: "Este é o nosso negócio, não seu".

---

[12]*Latim: "minha", no sentido de "aquilo que é meu".
[13]*Citação do verso 2 do poema "There pass the careless people" [Lá passam as pessoas descuidadas], da obra *A Shropshire Lad* [Um rapaz de Shropshire], de Alfred Edward Housman (1859–1936), poeta inglês muito popular, cujos versos eram tristes e quase fatalistas.

A Queda do homem

Mas esse canto não existe. Elas queriam ser substantivos, mas eram, e eternamente devem ser, meros adjetivos. Não temos ideia em que ato particular, ou série de atos, o desejo contraditório e impossível encontrou expressão. Por tudo que posso ver, pode ter se relacionado ao comer literal de uma fruta, mas a questão não tem importância.

Esse ato de obstinação por parte da criatura, que constitui uma completa falsificação de sua verdadeira posição de criatura, é o único pecado que pode ser concebido como a Queda. Pois a dificuldade a respeito do primeiro pecado é que ele deve ser muito hediondo, ou suas consequências não seriam tão terríveis, e ainda assim deve ser algo que um ser livre das tentações do homem caído poderia concebivelmente ter cometido. Voltar-se de Deus para o eu preenche ambas as condições. É um pecado possível até mesmo para o homem Paradisíaco, porque a mera existência de um eu — o mero fato de que o chamamos de "mim" — inclui, desde o início, o perigo da idolatria de si mesmo. Desde que eu sou eu, devo fazer um ato de autorrendição, mesmo que pequeno ou mesmo que fácil, vivendo para Deus e não para mim mesmo. Esse é, se você preferir, o "ponto fraco" na própria natureza da criação, o risco que Deus aparentemente acha que vale a pena correr. Mas o pecado foi muito hediondo, porque o eu que o homem Paradisíaco tinha de render não continha recalcitrância natural em se render. Seus *dados*, por assim dizer, eram um organismo psicofísico totalmente sujeito à vontade, e uma vontade totalmente disposta, embora não obrigada, a se voltar para Deus. A autorrendição que ele praticava antes da Queda

O problema da dor

não significava luta, mas apenas a deliciosa superação de uma autoadesão infinitesimal que se deliciava em ser superada — da qual vemos uma vaga analogia nas arrebatadoras autorrendições mútuas de amantes mesmo agora. Ele não teve, portanto, nenhuma *tentação* (no mesmo sentido em que temos) de escolher o eu — nenhuma paixão ou inclinação obstinadamente propensa a esse caminho —, nenhuma além do simples fato de que o eu era *ele mesmo*.

Até aquele momento, o espírito humano tinha controle total sobre o organismo humano. Sem dúvida esperava manter esse controle quando deixasse de obedecer a Deus. Mas sua autoridade sobre o organismo era uma autoridade delegada que foi perdida quando Deus deixou de delegá-la. Tendo se desligado, tanto quanto podia, da fonte de seu ser, ele se desligou da fonte de poder, pois, quando dizemos das coisas criadas que A governa B, isso deve significar que Deus governa B por meio de A. Duvido que fosse intrinsecamente possível para Deus continuar a governar o organismo *por meio* do espírito humano quando este revoltou-se contra ele. De qualquer forma, ele não o fez. Deus começou a governar o organismo de uma maneira mais externa, não pelas leis do espírito, mas pelas da natureza.[14] Assim, os órgãos, não mais governados pela vontade

---

[14]Este é um desenvolvimento da concepção de direito de Hooker quanto à Lei. Desobedecer à sua *própria* lei (ou seja, à lei que Deus faz para um ser como você) significa encontrar-se obedecendo a uma das leis inferiores de Deus. Por exemplo: se, ao caminhar em um pavimento escorregadio, você negligenciar a lei da Prudência, de repente vai descobrir-se obedecendo à lei da gravidade. [*Richard Hooker

do homem, caíram sob o controle das leis bioquímicas comuns e sofreram tudo o que o funcionamento dessas leis poderia causar em direção à dor, à senilidade e à morte. E os desejos começaram a surgir na mente do homem, mas não como a razão de uma escolha, e sim à medida que os fatos bioquímicos e ambientais vieram a causá-los. E a própria mente caiu sob as leis psicológicas de associação e semelhanças que Deus criou para governar a psicologia dos antropoides superiores. E a vontade, apanhada na onda da mera natureza, não teve nenhum recurso, a não ser forçar, com vigorosa dureza, a que retrocedessem alguns dos novos pensamentos e desejos, e esses rebeldes inquietos se tornaram o subconsciente como agora o conhecemos. O processo não foi, eu imagino, comparável à mera deterioração como ocorre presentemente em um indivíduo humano; foi uma perda de posição como *espécie*. O que o homem perdeu com a Queda foi sua natureza específica original. "Você é pó e ao pó voltará."[15] Ao organismo em sua totalidade, que havia sido elevado em sua vida espiritual, foi permitido recair na condição meramente natural da qual, em sua criação, havia sido erguido — assim como, muito antes na história da criação, Deus havia erguido a vida vegetal para que se tornasse o veículo da animalidade,

---

(1554–1600), teólogo anglicano inglês, considerado pai fundador da Igreja Anglicana. Lewis faz referência a essa concepção também em *A abolição do homem*, Apêndice, "A lei da magnanimidade", B (Rio de Janeiro: Thomas Nelson Brasil, 2017, p. 108. Tradução de Gabriele Greggersen).]
[15]*Gênesis 3:19.

erguido o processo químico para ser o veículo da vegetação, e o processo físico para ser o veículo do químico. Assim, o espírito humano, de mestre da natureza humana, tornou-se um mero inquilino em sua própria casa, ou mesmo um prisioneiro; a consciência racional tornou-se o que é agora: um refletor intermitente apoiado em uma pequena parte dos movimentos cerebrais.

Mas essa limitação dos poderes do espírito foi um mal menor do que a corrupção do próprio espírito. O ser humano se afastou de Deus e se tornou seu próprio ídolo, de modo que, embora ainda pudesse voltar para Deus,[16] ele só poderia fazer isso por meio de um esforço doloroso, e sua inclinação era proteger-se. Daí o orgulho e a ambição, o desejo de ser amável a seus próprios olhos e de deprimir e humilhar todos os rivais, a inveja e a busca incansável por mais e ainda mais segurança passaram a ser as atitudes mais fáceis de ter. Não foi apenas um rei fraco sobre a própria natureza, mas um rei mau: ele enviou ao organismo psicofísico desejos muito piores do que o organismo enviava a ele. Essa condição foi transmitida por hereditariedade a todas as gerações posteriores, pois não era apenas o que os biólogos chamam de variação adquirida: era o surgimento de um novo tipo de homem — uma espécie nova e pecadora, nunca feita por Deus, vinha à

---

[16] Os teólogos notarão que não pretendo aqui dar qualquer contribuição à controvérsia pelagiano-agostiniana. Quero dizer apenas que tal retorno a Deus não era, mesmo agora, uma impossibilidade. Onde se encontra a iniciativa em qualquer instância desse retorno é uma questão sobre a qual nada digo.

existência. A mudança pela qual o homem passou não foi paralela ao desenvolvimento de um novo órgão ou de um novo hábito; foi uma alteração radical de sua constituição, uma desordem da relação entre suas partes componentes e uma perversão interna de uma delas.

Deus podia ter interrompido esse processo por meio de milagre, mas isso — para falar em uma metáfora um tanto irreverente — teria sido recusar o problema que Deus se propôs quando criou o mundo: o problema de expressar sua bondade mediante o drama total de um mundo contendo agentes livres, apesar, e por meio, da rebelião destes contra ele. O símbolo de um drama, uma sinfonia ou uma dança é aqui útil para corrigir certo absurdo que pode surgir se falarmos muito de Deus planejando e criando o processo mundial para o bem e de que o bem é frustrado pelo livre-arbítrio das criaturas. Isso pode levantar a ideia ridícula de que a Queda pegou Deus de surpresa e atrapalhou seu plano, ou então — mais ridiculamente ainda — que Deus planejou tudo com vistas a condições que, ele bem sabia, nunca seriam realizadas. Na verdade, é claro, Deus viu a crucificação no ato de criar a primeira nebulosa. O mundo é uma dança em que o bem, descendo de Deus, é perturbado pelo mal que surge das criaturas, e o conflito resultante é resolvido pela própria assunção de Deus da natureza que sofre e produz o mal. A doutrina da Queda a partir do livre-arbítrio afirma que o mal, que torna o combustível ou matéria-prima para o segundo e mais complexo tipo de bem, não é contribuição de Deus, mas do homem. Isso não significa que, se o homem tivesse permanecido inocente, Deus não poderia ter arquitetado um todo sinfônico igualmente esplêndido — supondo que insistamos em fazer tais perguntas. Mas deve sempre ser lembrado que, quando falamos do que poderia ter acontecido, de contingências fora de toda a realidade, não sabemos realmente do que estamos falando. Não há tempos ou lugares fora do universo existente em que tudo isso "poderia acontecer" ou "poderia ter acontecido". Acho que a maneira mais significativa de afirmar a liberdade real do homem é dizer que, se há outras espécies racionais além dele em alguma outra parte do universo real, então não é necessário supor que elas também tenham caído.

Nossa condição atual, então, é explicada pelo fato de que somos membros de uma espécie deteriorada. Não quero dizer com isso que nossos sofrimentos sejam um castigo por sermos o que agora não podemos deixar de ser, nem que sejamos moralmente responsáveis pela rebelião de um ancestral remoto. Se, no entanto, chamo nossa condição atual de Pecado original, e não apenas de infortúnio original, é porque nossa experiência religiosa real não nos permite considerá-la de outra maneira. Teoricamente, suponho, poderíamos dizer: "Sim, nós nos comportamos como vermes, mas isso ocorre porque *somos* vermes. E isso, de forma alguma, não é nossa culpa". Mas o fato de sermos vermes, longe de ser visto como uma desculpa, é uma vergonha e tristeza maior para nós do que qualquer dos atos específicos que isso nos leva a cometer. A situação não é tão difícil de entender como algumas pessoas pensam. Ela surge entre os seres humanos sempre que um menino

A Queda do homem

muito mal-educado é apresentado a uma família decente. As pessoas corretamente se lembram de que "não é culpa dele" que ele seja valentão, covarde, contador de lorotas e mentiroso. Mas, mesmo assim, seja como for, o caráter atual dele é detestável. Elas não apenas odeiam esse tipo de caráter, mas deveriam odiá-lo. Elas não podem amar o menino pelo que ele é; podem apenas tentar transformá-lo no que ele não é. Nesse ínterim, embora o menino seja muito infeliz por ter sido criado dessa forma, você não pode chamar seu caráter de "infortúnio", como se ele fosse uma coisa e seu caráter, outra. É ele — ele mesmo que intimida e surrupia e gosta de fazer isso. E, se ele começar a se emendar, inevitavelmente sentirá vergonha e culpa por aquilo que está apenas começando a deixar de ser.

Com isso, eu disse tudo o que pode ser dito no nível em que me sinto capaz de tratar o assunto da Queda. Mas advirto meus leitores, mais uma vez, que esse nível é superficial. Nada dissemos sobre as Árvores da Vida e do Conhecimento, as quais, sem dúvida, escondem algum grande mistério; e nada dissemos sobre a afirmação paulina de que "da mesma forma como em Adão todos morrem, em Cristo todos serão vivificados".[17] É esta passagem que está por trás da doutrina patrística de nossa presença física nos lombos de Adão e da doutrina de Anselmo[18] a respeito de nossa inclusão, por ficção legal, no Cristo sofredor.

---

[17] 1Coríntios 15:22.
[18] *Anselmo de Cantuária (1033–1109), monge beneditino e filósofo italiano.

O problema da dor

Essas teorias podem ter sido boas em sua época, mas não me fazem bem, e não vou inventar outras. Recentemente, os cientistas nos disseram que não temos o direito de esperar que o universo real seja retratável e que, se fizermos imagens mentais para ilustrar a física quântica, estaremos nos afastando da realidade, e não nos aproximando dela.[19] Temos claramente menos razão em exigir que as realidades espirituais mais elevadas sejam retratáveis, ou mesmo explicáveis, em termos de nosso pensamento abstrato. Observo que a dificuldade da fórmula paulina gira em torno da palavra *em*, e que essa palavra, repetidamente no Novo Testamento, é usada em sentidos que não podemos entender de modo pleno. O fato de podermos morrer "em" Adão e viver "em" Cristo parece-me implicar que o homem, como ele realmente é, difere muito do homem conforme nossas categorias de pensamento e nossa imaginação tridimensional o representa; que a separação modificada apenas por relações causais — que discernimos entre indivíduos —, é equilibrada, na realidade absoluta, por algum tipo de "interinanimação"[20] sobre a qual não temos nenhuma concepção. Pode ser que os atos e sofrimentos

---

[19] *O universo mysterioso*, de Sir James Jeans, cap. 5. [*Sir James Hopwood Jeans (1877–1946), astrofísico e matemático inglês, foi o primeiro a propor que a matéria é continuamente criada em todo o universo (São Paulo: Companhia Editora Nacional, 1941. Tradução de J. de Sampaio Ferraz).]

[20]*Essa palavra, que significa "mútua inspiração", é considerada rara em inglês e não é dicionarizada em português. Parece ter sido cunhada, primeiramente na forma verbal, por John Donne (1572–1631), poeta inglês. Lewis também a usa em *Cartas a Malcolm*, p. 127.

de grandes indivíduos arquetípicos, como Adão e Cristo, sejam nossos, não por ficção legal, metáfora ou causalidade, mas de uma maneira muito mais profunda. Não há dúvida, é claro, de que os indivíduos estão se dissolvendo em uma espécie de *continuum* espiritual, como os sistemas panteístas acreditam; isso é excluído por todo o teor de nossa fé. Mas pode haver uma tensão entre a individualidade e algum outro princípio. Acreditamos que o Espírito Santo pode estar realmente presente e operante no espírito humano, mas não consideramos, como os panteístas, que isso signifique que somos "partes" ou "modificações" ou "aparências" de Deus. Podemos ter de supor, por fim, que algo do mesmo tipo é verdadeiro, em seu grau apropriado, mesmo para os espíritos criados, que cada um, embora distinto, está realmente presente em todos, ou em alguns, outros — exatamente como podemos ter de admitir "ação à distância" em nossa concepção da matéria.

Todos terão notado como o Antigo Testamento às vezes parece ignorar nossa concepção do indivíduo. Quando Deus promete a Jacó: "Eu mesmo descerei ao Egito com você e certamente o trarei de volta",[21] isso é cumprido pelo sepultamento do corpo de Jacó na Palestina ou pelo êxodo dos descendentes de Jacó do Egito. É bastante correto vincular essa noção à estrutura social das primeiras comunidades, nas quais o indivíduo é constantemente esquecido em favor da tribo ou da família, mas devemos expressar esse vínculo por duas proposições de igual importância: em pri-

---

[21] Gênesis 46:4.

meiro lugar, a experiência social deles cegou os antigos para algumas verdades que percebemos e, em segundo lugar, isso os tornou sensíveis a algumas verdades para as quais somos cegos. Ficção legal, adoção e transferência ou imputação de mérito e de culpa nunca poderiam ter desempenhado o papel que tiveram na teologia se sempre tivessem sido considerada tão artificiais como agora as consideramos.

Achei certo permitir esse único olhar com respeito ao que é, para mim, uma cortina impenetrável, mas, como eu disse, isso não faz parte de meu presente argumento. Obviamente, seria inútil tentar resolver o problema da dor produzindo outro problema. A tese deste capítulo é simplesmente que o homem, como espécie, se danificou, e que o bem, para nós em nosso estado atual, deve, portanto, significar principalmente um bem remediador ou corretivo. O papel que a dor realmente desempenha nesse remédio ou nessa correção deve ser considerado agora.

"Visto que a vida de Cristo é, de todos os modos, amarguíssima para a natureza e para o Ego e para o Mim (pois, na verdadeira vida de Cristo, o Ego e o Mim e a natureza devem ser abandonados e perdidos e mortos por completo); portanto, em cada um de nós, a natureza tem horror a isso."

Theologia Germanica
[Teologia germânica], XX[1]

---

[1]*Tratado místico anônimo provavelmente escrito no final do século 14. Foi muito recomendado por Martinho Lutero, que o descobriu e publicou em 1516.

CAPÍTULO 6

A dor humana

Tentei mostrar em um capítulo anterior que a possibilidade de dor é inerente à própria existência de um mundo onde se dá o encontro entre almas. Quando se tornam perversas, elas certamente usarão essa possibilidade para ferir umas às outras; e isso, talvez, seja responsável pela quase totalidade dos sofrimentos dos homens. Foram os humanos, e não Deus, que produziram mesas de tortura, chicotes, prisões, escravidão, armas, baionetas e bombas; é pela avareza humana, ou estupidez humana, não pela grosseria da natureza, que temos pobreza e excesso de trabalho. Mas permanece, no entanto, muito sofrimento que não pode ser atribuído a nós mesmos. Mesmo que todo sofrimento fosse causado pelo homem, gostaríamos de saber a razão da enorme permissão para torturar seus semelhantes que Deus dá ao pior dos homens.[2] Dizer, como foi dito no capítulo anterior,

---
[2]Ou talvez fosse mais seguro dizer "das criaturas". De forma alguma rejeito a visão de que a "causa eficiente" da doença, ou de alguma doença, seja um ser criado diferente do homem (ver cap. 9). Nas Escrituras,

que o bem, para tais criaturas como as que somos agora, significa principalmente bem corretivo ou curativo, é uma resposta incompleta. Nem todos os remédios têm gosto ruim, ou, se tinham, esse é em si um dos fatos desagradáveis dos quais gostaríamos de saber a razão.

Antes de prosseguir, devo retomar um ponto levantado no segundo capítulo. Lá eu disse que a dor, abaixo de certo nível de intensidade, não provoca ressentimento e podia, em lugar disso, até mesmo ser apreciada. Talvez você pensasse em responder: "Neste caso, eu não deveria chamá-la de Dor", e você pode estar certo. Mas a verdade é que a palavra Dor tem dois sentidos que devem ser agora distinguidos. **A.** Um tipo particular de sensação, provavelmente transmitido por fibras nervosas especializadas, e reconhecível pelo paciente como esse tipo de sensação, quer ele goste, quer não (e.g.: uma leve dor em meus membros seria reconhecida como dor, mesmo que eu não tenha objeção a isso). **B.** Qualquer experiência, seja ela física ou mental, de que o paciente não goste. É digno de nota que todas as Dores no sentido A tornam-se Dores no sentido B se passarem de certo nível, bastante baixo, de intensidade, mas que as Dores no sentido B não precisam ser Dores no sentido A. Dor no sentido B, de fato, é sinônimo de "sofrimento", "angústia", "tribulação", "adversidade" ou

---

Satanás está especialmente associado a doenças em Jó, em Lucas 13:16, em 1Coríntios 5:5 e (provavelmente) em 1Timóteo 1:20. É, no estágio atual do argumento, indiferente se todas as vontades criadas, às quais Deus permite um poder de atormentar outras criaturas, são humanas ou não.

"dificuldade", e é com respeito a ela que se levanta o problema da dor. No restante deste livro, Dor será usado no sentido B e incluirá todos os tipos de sofrimento: com o sentido A, não temos mais nenhuma preocupação.

Ora, o bem próprio de uma criatura é render-se a seu Criador — representar intelectualmente, volitivamente e emocionalmente aquele relacionamento que é dado pelo mero fato de ser uma criatura. Quando isso acontece, ela está bem e feliz. Para que não pensemos que isso é um algo árduo, esse tipo de bem começa em um nível muito acima das criaturas, pois o próprio Deus, na condição de Filho, desde toda a eternidade rende a Deus Pai, por obediência filial, o ser que Deus Pai por amor paternal eternamente gera no Filho. Esse é o padrão que o homem foi feito para imitar — que o homem paradisíaco imitou, e onde quer que a vontade conferida pelo Criador seja assim perfeitamente oferecida de volta em obediência deleitada e deleitosa pela criatura, lá, sem dúvida, está o Céu, e lá o Espírito Santo atua. No mundo como agora o conhecemos, o problema é como recuperar essa autoentrega. Não somos apenas criaturas imperfeitas que devem ser aprimoradas; somos, como disse Newman, rebeldes que devem depor as armas.[3] A primeira resposta, então, à pergunta sobre por que nossa cura deve ser dolorosa, é que render a vontade que há tanto rei-

---

[3]*John Henry Newman (1801–1890), teólogo anglicano e, posteriormente, cardeal católico. Sua obra mais conhecida é *Parochial and Plain Sermons* [Sermões paroquiais e simples], lançada em oito volumes e escrita antes de sua conversão ao catolicismo. A frase citada é do sétimo sermão do terceiro volume, sobre Lucas 15:18-19.

vindicamos para nós mesmos é em si mesmo, onde e como quer que seja feito, uma dor terrível. Mesmo no Paraíso, suponho que uma autoadesão mínima seria conquistada, embora a conquista e a submissão fossem arrebatadoras. Mas render uma vontade própria inflamada e inchada por anos de usurpação é uma espécie de morte. Todos nós nos lembramos de como essa vontade própria era na infância — a raiva amarga e prolongada a cada contrariedade, a explosão de lágrimas apaixonadas, o desejo sombrio e Satânico de matar ou de morrer em vez de ceder. Portanto, o tipo mais antigo de babá ou de pai estava muito certo em pensar que o primeiro passo na educação é "quebrar a vontade da criança". Os métodos deles eram frequentemente errados, mas não ver a necessidade que havia é, penso eu, cortar-se de todo o entendimento das leis espirituais. E, se agora que crescemos, não berramos nem chutamos tanto, é em parte porque os mais velhos começaram o processo de quebrar ou matar nossa vontade no berçário, e em parte porque as mesmas paixões agora assumem formas mais sutis e se tornaram hábeis em evitar a morte por meio de várias "compensações". Deriva daí a necessidade de morrer diariamente: por mais que pensemos que destruímos o ego rebelde, ainda o encontraremos vivo. Que esse processo é impossível sem dor é suficientemente testemunhado pela própria história da palavra "Mortificação".[4]

---

[4]*O apóstolo Paulo apresenta essa ideia em 2Coríntios 4:10: "Trazendo sempre por toda a parte a mortificação do Senhor Jesus no nosso corpo, para que a vida de Jesus se manifeste também nos nossos corpos" (ACF).

A dor humana

Mas essa dor intrínseca, ou morte, que mortifica o eu usurpado não é toda a história. Paradoxalmente, a mortificação, embora seja uma dor, torna-se mais fácil pela presença da dor em seu contexto. Isso acontece, creio eu, principalmente de três maneiras.

O espírito humano nem mesmo tentará se render enquanto tudo parecer estar bem como está. Ora, o erro e o pecado têm tal propriedade: quanto mais profundos são, tanto menos a vítima suspeita de sua existência; eles são o mal mascarado. A dor é um mal desmascarado e inconfundível: todo homem sabe que algo está errado quando está sendo ferido. O Masoquista não é uma exceção real. O Sadismo e o Masoquismo isolam, e então exageram, um "momento" ou "aspecto" da paixão sexual normal. O Sadismo[5] exagera o aspecto de captura e dominação a um ponto em que apenas maus-tratos à pessoa amada satisfarão o pervertido — como se ele dissesse: "Eu sou tanto mestre que até atormento você". O Masoquismo exagera o aspecto complementar e oposto e diz: "Estou tão encantado que recebo de bom grado até a dor de suas mãos". A menos que a dor fosse sentida como um mal — como uma indignação sublinhando o domínio completo da outra parte —, ela deixaria de ser, para o Masoquista, um estímulo erótico. E a dor não é apenas um mal imediatamente reconhecível, mas um mal impossível de ignorar. Podemos descansar

---

[5] A tendência moderna de dizer que "crueldade sádica" significa simplesmente "grande crueldade", ou crueldade especialmente condenada pelo escritor, não é útil.

contentes em nossos pecados e em nossa estupidez; e quem quer que tenha visto glutões comendo os mais deliciosos alimentos como se não soubessem o que estavam comendo, admitirá que podemos ignorar até o prazer. Mas a dor insiste em estar presente. Deus nos sussurra em nossos prazeres, fala em nossa consciência, mas grita em nossas dores: esse é seu megafone para despertar um mundo surdo. Um homem mau e feliz é um homem sem a menor suspeita de que suas ações não "respondem", que não estão de acordo com as leis do universo.

A percepção dessa verdade está por trás do sentimento humano universal de que os homens maus devem sofrer. Não adianta torcer o nariz para esse sentimento, como se ele fosse totalmente vil. Em seu nível mais brando, ele apela ao senso de justiça de todos. Certa vez, quando meu irmão e eu, meninos muito pequenos, fazíamos desenhos na mesma mesa, dei um puxão no cotovelo dele e fiz com que riscasse uma linha irrelevante no meio de seu trabalho; o assunto foi resolvido amigavelmente ao permitirem que ele riscasse uma linha de igual comprimento no meu. Ou seja, fui "colocado no lugar dele", para que eu pudesse ver minha negligência a partir do outro lado. Em um nível mais severo, a mesma ideia aparece como "punição retributiva" ou "dar a um homem o que ele merece". Algumas pessoas iluminadas gostariam de banir todas as concepções de retribuição ou abandonar sua teoria da punição e colocar o valor dela totalmente na dissuasão de outros ou na reforma do próprio criminoso. Elas não percebem que, ao fazerem isso, tornam toda punição injusta.

A dor humana

O que pode ser mais imoral do que infligir sofrimento a mim com o objetivo de dissuadir os outros se eu não o *mereço*? E, se eu de fato mereço, você está admitindo as reivindicações de "retribuição". E o que pode ser mais ultrajante do que prender-me e me submeter a um desagradável processo de aprimoramento moral sem meu consentimento, a menos que (mais uma vez) eu o *mereça*? Ainda em um terceiro nível, temos a paixão vingativa, a sede de vingança. Isso, é claro, é mau e expressamente proibido aos cristãos. Mas talvez já tenha aparecido em nossa discussão sobre o Sadismo e o Masoquismo que as coisas mais feias da natureza humana são perversões de coisas boas ou inocentes. O bem do qual a paixão vingativa é a perversão surge com clareza surpreendente na definição dada por Hobbes à vingança: "Desejo de causar dano a outrem a fim de o levar a lamentar qualquer dos seus atos".[6] A vingança perde de vista o fim nos meios, mas seu fim não é totalmente ruim: ela quer que o mal do homem vil seja para ele o que é para todos os outros. Isso é provado pelo fato de que o vingador deseja que o culpado não apenas sofra, mas que sofra em suas mãos, e saiba disso, conhecendo o porquê. Disso vem o impulso de insultar o culpado com seu crime no momento de se vingar; também vêm expressões naturais como: "Será que

---

[6]*Leviatã*, parte I, cap. 6. [*Thomas Hobbes (1588–1679), filósofo e teórico político inglês. Sua obra magna é *Leviatã ou Matéria, forma e poder de um estado eclesiástico e civil* (São Paulo: Martins Fontes, 2003, p. 52. Tradução de João Paulo Monteiro e Maria Beatriz Nizza da Silva).]

ele gostaria que fizessem o mesmo com ele?" ou: "Vou dar uma lição a ele!". Pela mesma razão, quando vamos ferir um homem com palavras, dizemos que vamos "fazer com que ele saiba o que pensamos dele".

Quando nossos ancestrais se referiam às dores e tristezas como a "vingança" de Deus sobre o pecado,[7] eles não estavam necessariamente atribuindo a Deus as paixões más; podiam estar reconhecendo o elemento do bem na ideia de retribuição. Enquanto o homem mau não encontrar, na forma de dor, o mal inequivocamente presente em sua existência, ele estará encerrado em ilusão. Uma vez que a dor o desperte, ele descobrirá que está, de uma forma ou de outra, "contra" o universo real: ou ele se rebela (com a possibilidade de um resultado mais claro e um arrependimento mais profundo em algum estágio posterior), ou então faz alguma tentativa de ajuste, que, se perseguido, o levará à religião. É verdade que nenhum dos efeitos é tão certo agora como era em épocas em que a existência de Deus (ou mesmo dos deuses[8]) era mais amplamente conhecida, mas mesmo em nossos dias o vemos operando. Até os ateus se rebelam e expressam, como Hardy e Housman,[9] sua raiva contra Deus, embora (ou porque) ele não exista, na opinião deles; e outros ateus, como o sr. Huxley,[10] são movidos pelo

---
[7]*Deuteronômio 32:35; 1Samuel 24:12-13; Isaías 35:4; Romanos 12:19; Hebreus 10:30.
[8]*Com maiúscula no original.
[9]*Thomas Hardy (1840–1928), escritor e poeta inglês. Sobre Alfred Edward Housman, ver cap. 5, nota 13.
[10]*Aldous Huxley (1895–1963), romancista inglês.

A dor humana

sofrimento para levantar todo o problema da existência e encontrar uma maneira de chegar a um acordo que, se não for cristã, é quase infinitamente superior ao contentamento estúpido com uma vida profana. Sem dúvida, a Dor como megafone de Deus é um instrumento terrível; ela pode levar a uma rebelião final e sem arrependimento, mas dá a única oportunidade que o homem mau pode ter para se corrigir. Ela remove o véu; ela finca a bandeira da verdade na fortaleza de uma alma rebelde.

Se a primeira e mais baixa operação de dor destrói a ilusão de que tudo está bem, a segunda destrói a ilusão de que o que temos, bom ou mau em si mesmo, é nosso e o suficiente para nós. Todos notaram como é difícil voltar os pensamentos para Deus quando tudo está indo bem conosco. "Temos tudo o que queremos" é um ditado terrível quando "tudo" não inclui Deus. Percebemos que Deus é uma interrupção. Como diz Agostinho em algum lugar: "Deus quer nos dar algo, mas não pode, porque nossas mãos estão ocupadas — não há onde ele colocar aquilo".[11] Ou, como disse um amigo meu: "Consideramos Deus como um aviador considera seu paraquedas: está lá para emergências, mas ele espera nunca ter de usá-lo". Deus, porém, que nos fez, sabe o que somos e que a nossa felicidade está nele. No entanto, não a buscaremos nele enquanto ele nos deixar qualquer outro recurso no qual

---

[11]*Citação livre do parágrafo 11 do comentário de Agostinho sobre Salmos 122:6, em SCHAFF, Philip. *Nicene and Post-Nicene Fathers* [Pais nicenos e pós-nicenos], Series I, vol. 8, p. 1183.

possa até mesmo ser procurada de maneira plausível. Embora o que chamamos de "nossa própria vida" permaneça agradável, não a renderemos a ele. O que, então, Deus pode fazer a nosso favor a não ser tornar "nossa própria vida" menos agradável para nós e eliminar as fontes plausíveis de falsa felicidade? É justamente nesse ponto que a providência de Deus parece à primeira vista ser mais cruel e que a humildade Divina, a inclinação do Altíssimo, mais merece louvor. Estamos perplexos ao ver a desgraça cair sobre pessoas decentes, inofensivas, dignas — sobre mães de família capazes, que trabalham duro, ou sobre pequenos comerciantes diligentes, frugais, daqueles que trabalharam tão arduamente, e tão honestamente, em prol de seu modesto estoque de felicidade, e estavam, com todo o direito, prestes a entrar no desfrute dela. Como posso dizer com ternura suficiente o que aqui precisa ser dito? Não importa que eu saiba que devo me tornar, aos olhos de todo leitor hostil, como se fosse pessoalmente responsável por todos os sofrimentos que tento explicar — assim como, até hoje, todos falam como se Agostinho *quisesse* que crianças não batizadas fossem para o Inferno. Mas tem extrema importância eu alienar alguém da verdade. Imploro ao leitor que tente crer, mesmo que por um momento, que Deus, criador dessas pessoas merecedoras, pode realmente estar certo quando pensa que a modesta prosperidade delas e a felicidade de seus filhos não são suficientes para torná-las abençoadas; que, ao fim, tudo isso deve ir-se delas, e que, se elas não aprenderam a conhecê-lo, serão miseráveis. E por isso ele as perturba,

A dor humana

avisando-as de antemão de uma insuficiência que um dia terão de descobrir. A vida para elas e sua família se interpõe entre estas e o reconhecimento da necessidade que têm; ele torna essa vida menos doce para elas. Eu chamo isso de Humildade divina porque é uma coisa ruim apresentar nossas justificativas a Deus quando o navio em que estamos está afundando; é uma coisa ruim ir até ele como último recurso, oferecer "o que é nosso" quando não vale mais a pena mantê-lo. Se Deus fosse orgulhoso, dificilmente nos aceitaria nesses termos; mas ele não é orgulhoso, ele se inclina para conquistar, ele nos receberá, embora tenhamos mostrado que preferimos tudo a ele e nos aproximamos dele porque não há "nada melhor" agora para se ter. A mesma humildade é demonstrada por todos aqueles apelos Divinos a nossos medos que perturbam as pessoas magnânimas que leem as Escrituras. Não é elogioso a Deus que o escolhamos como alternativa ao Inferno: mesmo assim, ele aceita. A ilusão de autossuficiência da criatura deve, pelo bem da criatura, ser destruída; e por meio de problemas ou de medo de problemas na terra, pelo medo grosseiro das chamas eternas, Deus a despedaça "sem se importar com a diminuição de sua própria glória".[12] Aqueles que gostariam que o Deus da escritura fosse mais puramente ético, não sabem o que pedem. Se Deus fosse um kantiano, que não nos aceitaria até que viéssemos a ele pelos melhores e mais puros motivos, quem poderia ser salvo? E essa ilusão de autossuficiência

---

[12]*Ver nota 29 no cap. 3.

pode ser mais forte em algumas pessoas muito honestas, bondosas e temperantes, e sobre essas pessoas, portanto, o infortúnio deve cair.

Os perigos da aparente autossuficiência explicam porque Nosso Senhor considera os vícios dos imprestáveis e esbanjadores com muito mais tolerância do que os vícios que levam ao sucesso mundano. As prostitutas não correm o risco de achar a vida presente tão satisfatória que não possam voltar-se para Deus; os orgulhosos, os avarentos, os que se julgam justos estão em perigo.

A terceira operação do sofrimento é um pouco mais difícil de entender. Todos admitirão que a escolha é essencialmente consciente; escolher envolve saber que se escolhe. Agora, o homem Paradisíaco sempre escolheu seguir a vontade de Deus. Ao segui-la, ele também satisfez o próprio desejo, tanto porque todas as ações exigidas dele eram, de fato, de acordo com sua inclinação irrepreensível quanto porque o serviço a Deus era, em si mesmo, seu maior prazer; sem sua fina linha divisória, todas as alegrias teriam sido insípidas para ele. A pergunta "Estou fazendo isso por amor a Deus ou apenas porque gosto disso?" não surgiu à época, visto que fazer as coisas por amor a Deus era aquilo de que principalmente "passou a gostar". Sua vontade focada em Deus cavalgava sua felicidade como um cavalo bem domado, ao passo que nossa vontade, quando estamos felizes, é arrastada pela felicidade como se estivesse em um barco que desce um riacho veloz. O prazer era, naquele tempo, uma oferta aceitável a Deus porque oferecer era um prazer. Mas

A dor humana

herdamos todo um sistema de desejos que não contradiz necessariamente a vontade de Deus, mas a qual, após séculos de autonomia usurpada, ignoram firmemente. Se o que gostamos de fazer é, de fato, o que Deus deseja que façamos, ainda assim essa não é nossa razão para fazê-lo; esse fato permanece uma mera coincidência feliz. Não podemos, portanto, saber que estamos agindo de alguma forma, ou principalmente, por amor a Deus, a menos que o aspecto material da ação seja contrário a nossas inclinações, ou (em outras palavras) doloroso, e não podemos escolher o que não podemos saber que estamos escolhendo. A plena atuação da rendição do eu a Deus, portanto, exige dor: essa ação, para ser perfeita, deve ser realizada pela pura vontade de obedecer, na ausência, ou a despeito da dificuldade, de disposição. O quanto é impossível realizar a rendição de nós mesmos fazendo aquilo de que gostamos, eu o sei muito bem por experiência própria nesse momento. Quando me comprometi a escrever este livro, esperava que a vontade de obedecer ao que poderia ser uma "liderança" tivesse pelo menos algum lugar em meus motivos. Mas, agora que estou totalmente imerso nisso, tornou-se mais uma tentação do que um dever. Ainda posso esperar que a escrita do livro esteja, de fato, em conformidade com a vontade de Deus; mas alegar que estou aprendendo a me render fazendo o que é tão atraente para mim seria ridículo.

Aqui pisamos em terreno muito difícil. Kant pensava que nenhuma ação tinha valor moral, a menos que fosse realizada por pura reverência à lei moral,[13] isto é, desinteressadamente, e ele foi acusado de um "estado de espírito mórbido"[14] que mede o valor de um ato por sua desagradabilidade. Toda a opinião popular está, de fato, do lado de Kant. As pessoas nunca admiram um homem por fazer algo de que gosta; as próprias palavras "mas ele *gosta* disso" implicam o corolário "e, portanto, não tem mérito". No entanto, contra Kant está a verdade óbvia, observada por Aristóteles, de que, quanto mais virtuoso um homem se torna, mais ele gosta de ações virtuosas. O que um ateu deve fazer sobre esse conflito entre a ética do dever e a ética da virtude eu não sei; mas, como cristão, sugiro a seguinte solução.[15]

Algumas vezes foi perguntado se Deus ordena certas coisas porque são certas, ou se certas coisas são certas porque Deus as ordena.[16] Com Hooker e contra o dr. Johnson, acato enfaticamente a primeira alternativa. A segunda pode levar à conclusão abominável (alcançada, eu acho,

---

[13]*Immanuel Kant (1742–1804), filósofo alemão, criador da filosofia crítica, em que procurava determinar os limites da razão e analisar o motivo das ações humanas e a relação delas com a moral. O conceito mencionado por Lewis está em *Crítica da razão prática*, especialmente no Livro Primeiro, cap. 1.
[14]*Não foi possível identificar quem é o autor dessa crítica a Kant.
[15]*Ver também o primeiro parágrafo do cap. 1 de *O peso da glória* (Rio de Janeiro: Thomas Nelson Brasil, 2017, p. 31-32. Tradução de Estevan F. Kirschner).
[16]*Essa pergunta moral é conhecida por dilema de Eutífron. O nome é de um dos diálogos de Platão, em que Sócrates pergunta ao personagem homônimo: "As coisas piedosas são piedosas porque os deuses as amam, ou os deuses as amam porque são piedosas?".

A dor humana

por Paley)[17] de que a caridade é boa apenas porque Deus arbitrariamente ordenou-a, pois ele poderia igualmente ter-nos ordenado que odiássemos a ele e uns aos outros e, assim, o ódio seria certo. Creio, ao contrário, que "erram os que pensam que é da vontade de Deus fazer isto ou que não há razão além da sua vontade".[18] A vontade de Deus é determinada por sua sabedoria, que sempre percebe, e por sua bondade, que sempre abrange o intrinsecamente bom. Mas, quando dissemos que Deus ordena as coisas apenas porque são boas, devemos acrescentar que uma das coisas intrinsecamente boas é que as criaturas racionais rendam--se livremente ao Criador de modo obediente. O conteúdo de nossa obediência — a coisa que somos ordenados a fazer — sempre será algo intrinsecamente bom, algo que devemos fazer mesmo se (por uma suposição impossível) Deus não a tivesse ordenado. Mas, além do conteúdo, a mera obediência também é intrinsecamente boa, pois, ao obedecer, uma criatura racional cumpre conscientemente sua função de criatura, reverte o ato pelo qual caímos, trilha o caminho de Adão até o início e retorna.

Portanto, concordamos com Aristóteles que o que é intrinsecamente certo pode muito bem ser agradável, e que,

---

[17]*Sobre Hooker, ver cap. 5, nota 14. Samuel Johnson (1709–1784), mais conhecido por dr. Johnson, poeta, ensaísta e lexicógrafo inglês de conhecimento enciclopédico. William Paley (1743–1805), teólogo e filósofo inglês.
[18]Hooker. *Laws of Eccl. Polity*, I, i, 5. [*Of the Lawes of Ecclesiasticall Politie* [Das leis da política eclesiástica] é sua obra-prima. Nela, Hooker defende a Igreja da Inglaterra contra o catolicismo romano e o puritanismo.]

quanto melhor um homem, mais ele gostará disso; porém concordamos com Kant no que diz respeito à existência de um ato correto — a autorrendição — que não pode ser desejado como deve ser pelas criaturas caídas, a menos que seja desagradável. E devemos acrescentar que esse único ato correto inclui todas as outras virtudes, e que o cancelamento supremo da queda de Adão, o movimento de "toda velocidade à ré", pelo qual refazemos nossa longa jornada desde o Paraíso, o desatar do velho e duro nó, deve ocorrer quando a criatura, sem nenhum desejo de auxiliá-lo, despe-se até do mero desejo de obediência, acata o que é contrário à sua natureza e faz aquilo para o que apenas um motivo é possível. Tal ato pode ser descrito como um "teste" do retorno da criatura a Deus; por isso nossos pais disseram que os problemas foram "enviados para nos provar".[19] Um exemplo conhecido é a "prova" de Abraão quando recebeu a ordem de sacrificar Isaque.[20] Não estou preocupado agora com a historicidade ou a moralidade dessa história, mas com a pergunta óbvia: "Se Deus é onisciente, ele sabia o que Abraão faria, sem experimento algum; por que, então, essa tortura desnecessária?" Mas, como aponta Agostinho,[21] embora Deus soubesse, Abraão não sabia, de modo algum, que sua obediência poderia suportar tal comando até que a ocasião o ensinou; e a obediência que ele não sabia que escolheria, não pode ser dito que ele a escolheu.

---

[19]*Cf. 1Pedro 1:6-7.
[20]*Gênesis 22.
[21]*De Civitate Dei*, XVI, xxxii.

A dor humana

A realidade da obediência de Abraão foi o ato em si; e o que Deus conhecia ao saber que Abraão "obedeceria" foi a obediência real de Abraão no topo da montanha naquele momento. Dizer que Deus "não precisava ter feito o experimento" é declarar que, porque Deus sabe, aquilo que é conhecido por ele não precisa existir.

Se a dor às vezes destrói a falsa autossuficiência da criatura, ainda na suprema "Prova", ou "Sacrifício", ela lhe ensina a autossuficiência que realmente deveria ser sua: a "oculta força que, se o Céu a deu, pode ser chamada de sua";[22] pois então, na ausência de todos os motivos e apoios meramente naturais, ela age com aquela força, e com aquela somente, que Deus lhe confere por meio de sua vontade a ele sujeita. A vontade humana torna-se verdadeiramente criativa e verdadeiramente nossa quando é totalmente de Deus, e esse é um dos muitos sentidos em que aquele que perde sua alma a encontrará.[23] Em todos os outros atos, nossa vontade é alimentada pela natureza, isto é, por outras coisas criadas além do eu, por meio dos desejos supridos a nós por nosso organismo físico e por nossa hereditariedade. Quando agimos somente por nós mesmos — isto é, por Deus *em* nós mesmos — somos colaboradores ou instrumentos vivos da criação: e é por isso que tal ato desfaz com "murmúrios de trás para frente com poder de desunir"[24]

---

[22]*Citação do poema "Comus", vs. 418-419, de John Milton (1608–1674), poeta e historiador inglês, autor de *Paraíso perdido*.
[23]*Mateus 16:24-25.
[24]*"Comus", v. 817. A expressão se refere a feitiços que, sussurrados de trás para frente, dissolvem os encantamentos que haviam produzido.

o feitiço não criativo que Adão lançou sobre sua espécie. Portanto, como o suicídio é a expressão típica do espírito estoico e a batalha é a do espírito guerreiro, o martírio sempre permanece a suprema representação e perfeição do cristianismo. Essa grande ação foi iniciada em nosso favor, feita em nosso nome, exemplificada para nossa imitação e inconcebivelmente comunicada a todos os crentes por Cristo no Calvário. Lá, o grau de aceitação da Morte atinge os limites extremos do imaginável, e talvez vá além deles; não apenas todos os apoios naturais, mas a presença do próprio Pai, a quem o sacrifício é feito, abandona a vítima, e a rendição a Deus não vacila, embora Deus a "abandone".[25]

A doutrina da morte que descrevo não é peculiar ao cristianismo. A própria natureza a inscreveu amplamente em todo o mundo no drama repetido da semente enterrada e do cereal ressurgindo. Da natureza, talvez, as comunidades agrícolas mais antigas a aprenderam, e com os sacrifícios de animais, ou humanos, mostraram durante séculos a verdade de que "sem derramamento de sangue não há remissão";[26] e embora, a princípio, essas concepções possam ter concernido apenas às colheitas e à descendência da tribo, elas vieram mais tarde, nos Mistérios, a se referir à morte espiritual e à ressurreição do indivíduo. O asceta indiano, mortificando o corpo em uma cama de pregos, anuncia a mesma lição; o filósofo grego nos diz que a vida de sabedoria é "um

---
[25]*Mateus 27:46.
[26]Hebreus 9:22.

A dor humana

exercício para a morte".[27] O sensível e nobre pagão dos tempos modernos faz seus deuses imaginados "morrerem na vida".[28] O sr. Huxley expõe o "não apego".[29] Não podemos escapar da doutrina deixando de ser cristãos. É um "evangelho eterno"[30] revelado aos homens onde quer que os homens tenham procurado, ou suportado, a verdade: é o próprio nervo da redenção, que a sabedoria dissecadora em todos os tempos e em todos os lugares revela; o conhecimento inescapável que a Luz que ilumina todo homem[31] imprime na mente de todos os que questionam seriamente "sobre" o que é o universo. A peculiaridade da fé cristã não é ensinar essa doutrina, mas torná-la, de diversas maneiras, mais tolerável. O cristianismo nos ensina que a terrível tarefa, em certo sentido, já foi cumprida em nosso favor — que a mão de um mestre está segurando a nossa enquanto tentamos traçar as letras difíceis e que nosso roteiro precisa

---

[27]Platão. *Phæd*. 81, A (cf. 64, A). [*Fédon, "O destino das almas" (*Platão, Diálogos*. São Paulo: Abril Cultural, 1972, p. 91. Tradução de Jorge Paleika e João Cruz Costa).]
[28]Keats. *Hyperion*, III, 130. [*John Keats (1795–1821), poeta romântico inglês.
[29]*Esse conceito é apresentado no cap. 1 de seu livro *Ends and Means: An Enquiry into the Nature of Ideals and into the Methods employed for their Realisation* [Fins e meios: Uma investigação sobre a natureza dos ideais e dos métodos empregados para sua realização], de 1937.
[30]*Embora o termo seja encontrado em Apocalipse 14:6, é mais provável que Lewis tenha em mente a "filosofia perene", termo que dá título a um livro de Huxley, no qual ele defende existir, na tradição de todos os povos primitivos do mundo, traços de uma Realidade divina, "a Base imanente ou transcendente de todos os seres", a qual tem suas formas plenamente desenvolvidas nas religiões superiores.
[31]*João 1:9.

ser apenas uma "cópia", não um original. Uma vez mais, onde outros sistemas expõem nossa natureza total à morte (como na renúncia budista), o cristianismo exige apenas que consertemos uma *orientação errada* de nossa natureza, e não tem nenhuma contenda, como Platão tinha, com o corpo como tal, nem com os elementos psíquicos em nossa constituição. E o sacrifício em sua realização suprema não é exigido de todos. Tanto os confessores quanto os mártires são guardados da morte, e alguns idosos, de cujo estado de graça dificilmente podemos duvidar, parecem ter superado seus setenta anos com uma facilidade surpreendente. O sacrifício de Cristo é repetido, ou re-ecoado, entre seus seguidores em graus muito variados, desde o mais cruel martírio até uma autossubmissão de intenção cujos sinais externos nada têm que os distinga dos frutos comuns da temperança e "doce razoabilidade". As causas dessa distribuição eu não sei; mas, do nosso ponto de vista atual, deve ficar claro que o verdadeiro problema não é por que algumas pessoas humildes, piedosas e crentes sofrem, mas por que outras *não*. Nosso Senhor mesmo, deve ser lembrado, explicou a salvação daqueles que são afortunados neste mundo apenas referindo-se à onipotência insondável de Deus.[32]

Todos os argumentos de justificação do sofrimento provocam ressentimento amargo contra o autor. Você gostaria de saber como me comporto quando estou sentindo dor, e não quando escrevo livros sobre ela. Você não precisa adivinhar, pois vou lhe dizer: eu sou um grande covarde. Mas

---

[32] Marcos 10:27.

o que tem isso a ver com o propósito de escrever? Quando penso na dor — na ansiedade que corrói como fogo e na solidão que se espalha como um deserto, e na rotina dolorosa de monótona miséria, ou novamente em dores enfadonhas que obscurecem toda a nossa paisagem ou dores repentinas e nauseantes que abatem o coração de um homem com um golpe, em dores que já parecem intoleráveis e que depois aumentam repentinamente, em dores pungentes que, como picadas de escorpião, fazem com que um homem que parecia meio morto com suas torturas anteriores se ponha assustado em um movimento maníaco — "o veneno me domina já quase todo o espírito".[33] Se eu conhecesse alguma forma de escapar, rastejaria pelos esgotos para encontrá-la. Mas de que adianta falar-lhe sobre meus sentimentos? Você já os conhece: eles são iguais aos seus. Não estou argumentando que ela não é dolorosa. A dor dói. Isso é o que a palavra significa. Estou apenas tentando mostrar que a velha doutrina cristã de tornar "perfeito mediante o sofrimento"[34] não é inacreditável. Provar que ela é palatável está além de minha intenção.

Ao estimar a credibilidade da doutrina, dois princípios devem ser observados. Em primeiro lugar, devemos lembrar que o momento real da dor presente é apenas o centro do que pode ser chamado de todo o sistema tribulacional que se estende por meio do medo e da compaixão. Quaisquer

---

[33]*Shakespeare, *Hamlet*, Ato V, Cena II (tradução de Carlos Alberto Nunes).
[34]Hebreus 2:10.

O problema da dor

que sejam os bons efeitos dessas experiências, eles dependem do centro; de modo que, mesmo se a dor em si não tivesse valor espiritual e, ainda, se o medo e a compaixão tivessem, a dor teria de existir para que houvesse algo a ser temido e gerar compaixão. E não há dúvida de que o medo e a compaixão nos ajudam em nossa volta à obediência e à caridade. Todos já experimentaram o efeito de a compaixão, em muito, facilitar para nós amar o que não é amável — isto é, amar os homens não porque eles sejam, de alguma forma, naturalmente agradáveis para nós, mas porque são nossos irmãos. Foi a beneficência do medo que a maioria de nós aprendeu durante o período de "crises" que levou à guerra atual.[35] Minha própria experiência é algo assim. Estou avançando ao longo do caminho da vida em minha condição ordinária, satisfatoriamente caída e ímpia, absorta em um encontro alegre com meus amigos amanhã ou em um pouco de trabalho que faz afagos em minha vaidade hoje, um feriado ou um novo livro, quando de repente uma pontada de dor abdominal que indica doenças graves, ou uma manchete nos jornais que ameaça a todos nós com a destruição, faz todo esse castelo de cartas desmoronar. No começo, fico confuso, e todas as minhas pequenas felicidades parecem brinquedos quebrados. Então, de forma lenta e relutante, pouco a pouco, tento entrar no estado de espírito em que eu deveria estar o tempo todo. Lembro a mim mesmo de que todos esses brinquedos nunca tiveram a intenção de possuir meu coração, de que meu verdadeiro

---

[35]*Referência à Segunda Guerra Mundial.

A dor humana

bem está em outro mundo e meu único tesouro real é Cristo. E talvez, pela graça de Deus, eu tenha sucesso nisso e me torne, por um ou dois dias, uma criatura conscientemente dependente de Deus e extraindo sua força das fontes certas. Mas, no momento em que a ameaça é retirada, toda a minha natureza salta de volta para os brinquedos: fico até ansioso, Deus me perdoe, de banir da minha mente a única coisa que me sustentou sob a ameaça, porque agora ela está associada à miséria daqueles poucos dias. Assim, a terrível necessidade de tribulação é muito clara. Deus me teve por apenas 48 horas e, na ocasião, apenas à força de tirar tudo o mais de mim. Deixe que ele embainhe a espada por um momento, e eu me comportarei como um cachorrinho quando o odiado banho acabar — eu me sacudo o mais que posso e corro para readquirir minha confortável sujeira, se não no monte de estrume contíguo pelo menos no canteiro de flores mais próximo. E é por isso que as tribulações não podem cessar até que Deus nos veja refeitos ou veja que nossa reconstrução agora é inútil.

Em segundo lugar, quando consideramos a própria dor o centro de todo o sistema tribulacional, devemos ter o cuidado de prestar atenção ao que sabemos e não ao que imaginamos. Essa é uma das razões pelas quais toda a parte central deste livro é dedicada à dor humana, e a dor animal é relegada a um capítulo especial. Conhecemos a dor humana, mas apenas especulamos sobre a dor animal. No entanto, mesmo dentro da raça humana, devemos extrair nossa evidência de exemplos que passaram por nossa própria observação. A tendência deste ou daquele romancista ou poeta pode representar o sofrimento como totalmente ruim em seus efeitos, por produzir e justificar todo tipo de malícia e brutalidade naquele que sofre. E, é claro, a dor, como o prazer, pode ser assim recebida: tudo o que é dado a uma criatura com livre-arbítrio deve ter dois gumes, não pela natureza do doador ou do presente, porém pela natureza do destinatário.[36] E, uma vez mais, os resultados negativos da dor podem ser multiplicados se os que sofrem forem persistentemente ensinados pelos espectadores que esses resultados são os resultados adequados e viris para exibirem.

A indignação com o sofrimento alheio, embora seja uma paixão generosa, deve ser bem administrada para não roubar a paciência e a humildade de quem sofre e plantar a raiva e o cinismo em seu lugar. Mas não estou convencido de que o sofrimento, se poupado de tal indignação vicária oficiosa, tenha qualquer tendência natural de produzir tais males. Não achei as trincheiras da linha de frente ou o CCS[37] mais cheios de ódio, egoísmo, rebelião e desonestidade do que qualquer outro lugar. Tenho visto grande beleza espiritual em alguns que sofreram muito. Tenho visto homens, em sua maior parte, ficarem melhores e não piores com o avançar dos anos, e vi a última doença produzir tesouros de fortaleza e mansidão em sujeitos na

---

[36]Sobre a natureza de dois gumes da dor, consulte o Apêndice.

[37]*Casualty Clearing Station [Posto para recolhimento de vítimas] é o nome dado pelo exército britânico para instalações médicas militares atrás das linhas de combate com o propósito de tratar de soldados feridos.

A dor humana

maioria bem pouco promissores. Vejo em figuras históricas amadas e reverenciadas, como Johnson e Cowper,[38] traços que dificilmente seriam toleráveis se os homens fossem mais felizes. Se o mundo é de fato um "vale de formação de almas",[39] parece que, de modo geral, está cumprindo sua função. Da pobreza — aflição que realmente ou potencialmente inclui todas as outras aflições — não ousaria falar por mim mesmo; e aqueles que rejeitam o cristianismo não serão comovidos pela declaração de Cristo de que a pobreza é bem-aventurada.[40] Mas aqui um fato bastante notável vem ao meu auxílio. Aqueles que mais desdenhosamente repudiariam o cristianismo como um mero "ópio do povo"[41] têm desprezo pelos ricos, isto é, por toda a humanidade *exceto* os pobres. Eles consideram os pobres como o único povo que vale a pena preservar da "aniquilação" e colocam neles a única esperança da raça humana. Mas isso não é compatível com a crença de que os efeitos da pobreza sobre aqueles que a sofrem são totalmente maus; até implica que eles são bons. O Marxista, portanto, encontra-se em real acordo com o cristão naquelas duas crenças que o cristianismo paradoxalmente exige: a pobreza é abençoada e ainda assim deve ser erradicada.

---

[38]*Sobre Johnson, ver cap. 6, nota 17. William Cowper (1731–1800), poeta e hinólogo inglês. Sofria de profunda depressão e tentou o suicídio três vezes.
[39]*Expressão de John Keats em uma carta de 21 de abril de 1810.
[40]*Possível referência a Mateus 5:3.
[41]*Expressão do sociólogo, economista e revolucionário socialista alemão Karl Marx (1818–1883).

> *"Todas as coisas que são como deveriam ser estão em conformidade com esta segunda lei eterna; e mesmo aquelas coisas que com esta lei eterna não estão em conformidade são, não obstante, de alguma forma ordenadas pela primeira lei eterna."*
>
> Hooker, *Laws of Eccles*. Pol., I, iii, 1[1]

---

[1]*Ver cap. 6, nota 18.

CAPÍTULO 7

A dor humana
(continuação)

Neste capítulo, apresento seis proposições necessárias para completar nosso relato do sofrimento humano, as quais não surgem uma da outra e, portanto, devem ser apresentadas em uma ordem arbitrária.1. Existe no cristianismo um paradoxo a respeito de tribulação. Bem-aventurados são os pobres,[2] mas por meio de "julgamento" (isto é, justiça social) e esmolas devemos erradicar a pobreza onde for possível. Bem-aventurados somos quando perseguidos, mas podemos evitar a perseguição fugindo de cidade em cidade e orando para sermos poupados, como Nosso Senhor orou no Getsêmani.[3] Mas, se o sofrimento é bom, não deveria ser perseguido em vez de evitado? Eu respondo que o sofrimento não é bom em si mesmo. O que é bom em qualquer experiência dolorosa é, para o que sofre, sua submissão à vontade de Deus e, para os espectadores, a compaixão despertada e os atos de misericórdia a que

---

[2]*Referência a Mateus 5:3.
[3]*Referência a Mateus 5:10; 10:23; Marcos 14:35.

ela conduz. No universo caído e parcialmente redimido, podemos distinguir (1) o bem simples que desce de Deus, (2) o mal simples produzido por criaturas rebeldes e (3) a exploração desse mal por Deus para seu propósito redentor, que produz (4) o bem complexo para o qual contribuem o sofrimento aceito e o pecado de que o homem se arrepende. Ora, o fato de que Deus pode fazer um bem complexo a partir do mal simples não escusa — embora, por misericórdia, possa salvar — aqueles que praticam o mal simples. E essa distinção é central. As ofensas devem vir, mas ai daqueles por quem vêm;[4] os pecados *fazem* a graça abundar, mas não devemos fazer disso uma desculpa para continuar a pecar.[5] A própria crucificação é o melhor, bem como o pior, de todos os eventos históricos, mas o *caráter* de Judas continua simplesmente maligno. Podemos aplicar isso primeiramente ao problema do sofrimento de outras pessoas. Um homem misericordioso objetiva o bem de seu próximo, e assim faz a "vontade de Deus", cooperando de modo consciente com "o bem simples". Um homem cruel oprime seu próximo, e assim faz o mal simples. Mas, ao agir assim, ele é usado por Deus, sem seu próprio conhecimento ou consentimento, para produzir o bem complexo — de modo que o primeiro homem serve a Deus como um filho e o segundo, como uma ferramenta; pois você certamente cumprirá o propósito de Deus, não importa como aja, mas faz diferença para você se serve

---

[4]*Referência a Mateus 18:7.
[5]*Referência a Romanos 6:1-2.

A dor humana (continuação)

como Judas ou como João. O sistema inteiro é, por assim dizer, calculado para o confronto entre homens bons e homens maus, e os bons frutos de fortaleza de espírito, paciência, compaixão e perdão, pelos quais o homem cruel pode ser cruel, pressupõem que o homem bom comumente continua a buscar o bem simples. Digo "comumente" porque um homem tem, algumas vezes, o direito de ferir (ou mesmo, em minha opinião, de matar) seu companheiro, mas apenas quando a necessidade é urgente e o bem a ser alcançado, óbvio, e geralmente (embora nem sempre) quando aquele que inflige a dor tem uma autoridade definida para fazê-lo — a autoridade dos pais, que é derivada da natureza; autoridade do magistrado ou do soldado, que é derivada da sociedade civil, ou a do cirurgião, derivada, na maioria das vezes, do paciente. Transformar isso em uma carta de navegação geral para a humanidade aflita "porque a aflição é boa para ela" (como o lunático Tamburlaine, de Marlowe,[6] gabava-se de ser o "flagelo de Deus") não é, de fato, quebrar o esquema divino, mas se voluntariar para o posto de Satanás dentro daquele esquema. Se você faz o trabalho dele, deve estar preparado para receber o salário dele. O problema de evitar nossa própria dor admite uma solução semelhante. Alguns ascetas têm usado autotortura. Na condição de leigo, não ofereço opinião sobre

---

[6]*Tamburlaine the Great* [Tamburlaine, o Grande] é a primeira peça de Christopher Marlowe (?–1593), poeta e dramaturgo inglês, que conta a sanguinolenta subida ao poder e o misterioso fim de Timur, ou Tamburlaine, cruel conquistador mongol do século 14.

a prudência de tal prática; mas eu insisto que, quaisquer que sejam seus méritos, a autotortura é uma coisa bem diferente da tribulação enviada por Deus. Todos sabem que jejuar é uma experiência diferente de perder o jantar por acidente ou por causa da pobreza. O jejum *afirma* a vontade contra o apetite: a recompensa é o autodomínio, e o orgulho é o perigo; a fome involuntária sujeita o apetite e a vontade à vontade Divina, proporcionando oportunidade à submissão e nos expondo ao perigo da rebelião. Mas o efeito redentor do sofrimento reside principalmente em sua tendência de reduzir a vontade rebelde. As práticas ascéticas, que por si só fortalecem a vontade, apenas são úteis na medida em que permitem à vontade pôr em ordem a própria casa (as paixões), como preparação para a oferta do homem inteiro a Deus. Elas são necessárias como um meio; como fim, seriam abomináveis, pois, ao substituir o apetite pela vontade e aí parando, elas apenas trocariam o eu animal pelo eu diabólico. Foi, portanto, verdadeiramente dito que "só Deus pode mortificar".[7] A tribulação faz seu trabalho em um mundo em que os seres humanos estão normalmente procurando, por meios legais, evitar o próprio mal natural e alcançar seu bem natural, e ela pressupõe um mundo assim. A fim de submeter-nos à vontade a Deus, devemos ter uma vontade, e essa vontade deve ter objetivos. A renúncia cristã não significa "Apatia" estoica, mas uma prontidão para preferir Deus a fins inferiores, que são, em si mesmos, legítimos. Portanto, o Homem

---

[7]*Autor desconhecido.

A dor humana (continuação)

Perfeito trouxe ao Getsêmani uma vontade, e uma vontade forte, para escapar do sofrimento e da morte, se tal fuga fosse compatível com a vontade do Pai, combinada com uma perfeita prontidão para a obediência se não fosse.[8] Alguns dos santos recomendam uma "renúncia total" bem no princípio de nosso discipulado; mas acho que isso pode significar apenas uma total prontidão para cada renúncia particular[9] que possa ser exigida, pois não seria possível viver de momento a momento desejando nada além da submissão a Deus como tal. Qual seria a *matéria* para a submissão? Pareceria contraditório dizer: "O que eu quero é sujeitar o que eu quero à vontade de Deus", pois o segundo *o que* não tem conteúdo. Sem dúvida, todos nós fazemos muito esforço em evitar nossa própria dor; mas uma intenção devidamente subordinada de evitá-la, usando meios legais, está de acordo com a "natureza" — isto é, com todo o sistema operante da vida das criaturas para o qual a operação redentora da tribulação é calculada.

Seria muito falso, portanto, supor que o ponto de vista cristão do sofrimento é incompatível com a mais forte ênfase em nosso dever de deixar o mundo, mesmo em um sentido temporal, "melhor" do que o encontramos.

---

[8]*Mateus 26:39,42.
[9]Cf. Irmão Lourenço, *A prática da presença de Deus*, Quarta conversa, 25 de novembro de 1667. "A parte mais importante é renunciar a qualquer coisa que não nos leve a Deus". [*São Paulo: Candeia, 1996, p. 18. Tradução de Paulo Ubirajara Trench Martins.) Nicolas Herman (1614–1691), francês que adotou o nome religioso de Irmão Lourenço (ou Lawrence), era monge da Ordem dos Carmelitas Descalços.]

O problema da dor

Na descrição mais completa que deu do Juízo por meio de parábola, Nosso Senhor parece reduzir toda a virtude à beneficência ativa;[10] e, embora seja enganoso tomar esse quadro isolado do evangelho como um todo, ele é suficiente para colocar além de qualquer dúvida os princípios básicos da ética social do cristianismo.

2. Se a tribulação é um elemento necessário na redenção, devemos adiantar que ela jamais cessará até que Deus veja que o mundo está redimido ou que não é mais redimível. Um cristão não pode, portanto, crer em nenhum daqueles que prometem que se tão somente alguma reforma em nosso sistema econômico, político ou higiênico fosse feita, um céu na terra se seguiria. Isso pode parecer ter um efeito desencorajador para o assistente social, mas não pode ser comprovado na prática que o desencoraje. Pelo contrário, um forte senso de nossas misérias comuns, simplesmente como homens, é ao menos um incitamento tão bom para a remoção de todas as misérias que pudermos, quanto qualquer uma daquelas esperanças loucas que tentam os homens a buscar realização em quebrar a lei moral e provar tal condição de pó e cinza quando estiverem realizados. Se aplicada à vida individual, a doutrina de que um imaginado céu na terra seja necessário para tentativas vigorosas de remover o mal presente revelaria imediatamente quanto é absurda. Os famintos buscam comida e os enfermos, cura, não obstante, eles sabem que depois da refeição ou da cura, os altos e baixos normais da vida ainda os aguardam. Não

---

[10]*Referência a Mateus 25:31-46.

A dor humana (continuação)

estou, é claro, discutindo se as tão drásticas mudanças em nosso sistema social são ou não desejáveis; estou apenas recordando ao leitor que determinado remédio não deve ser confundido com o elixir da vida.

3. Visto que questões políticas cruzaram nosso caminho, sou obrigado a deixar claro que a doutrina cristã da autorrenúncia e da obediência é uma doutrina puramente teológica, e nem um pouco política. Sobre formas de governo, autoridade civil e obediência civil, nada tenho a dizer. O tipo e o grau de obediência que uma criatura deve a seu Criador é único porque a relação entre a criatura e o Criador é única: nenhuma inferência pode ser extraída dela para qualquer proposição política.

4. A doutrina cristã do sofrimento explica, creio eu, um fato muito curioso sobre o mundo em que vivemos. A felicidade estabelecida e a segurança que todos nós desejamos, Deus as retém de nós pela própria natureza do mundo, mas a alegria, o prazer e o entusiasmo, ele os distribuiu em profusão. Nunca estamos seguros, mas temos muita diversão e um pouco de êxtase. Não é difícil de ver o porquê. A segurança que ansiamos nos ensinaria a descansar nosso coração neste mundo e nos opor a um obstáculo ao nosso retorno a Deus: alguns momentos de amor feliz, uma paisagem, uma sinfonia, um encontro alegre com nossos amigos, um banho ou uma partida de futebol não têm essa tendência. Nosso Pai nos refresca na jornada com algumas pousadas agradáveis, mas não nos encoraja a confundi-las com nosso lar.

5. Nunca devemos tornar o problema da dor pior do que é por intermédio de uma conversa vaga sobre a "soma

inimaginável da miséria humana". Suponha que eu tenha uma dor de dente de intensidade x, e suponha que você, que está sentado a meu lado, também comece a ter uma dor de dente de intensidade x. Você pode, se quiser, dizer que a quantidade total de dor na sala agora é $2x$. Mas você deve se lembrar de que ninguém está sofrendo $2x$: procure por todo o tempo e por todo o espaço e você não encontrará aquela dor composta na consciência de ninguém. Não existe algo como uma soma de sofrimento, pois ninguém a sofre. Quando atingimos o máximo que uma única pessoa pode sofrer, alcançamos, sem dúvida, algo muito horrível, mas alcançamos todo o sofrimento que pode haver no universo. A adição de um milhão de companheiros de sofrimento não acrescenta mais dor.

6. De todos os males, a dor é apenas um mal esterilizado ou desinfectado. O mal intelectual, ou erro, pode ocorrer porque a causa do primeiro erro (como fadiga ou caligrafia ruim) continua a operar, mas, à parte disso, é direito do erro por si só gerar erro — se o primeiro passo em um argumento estiver errado, tudo o que se segue estará errado. O pecado pode voltar a ocorrer porque a tentação original continua; mas, à parte disso, o pecado por sua própria natureza gera pecado ao fortalecer o hábito pecaminoso e enfraquecer a consciência. Agora, a dor, como os outros males, pode certamente reaparecer porque a causa da primeira dor (doença ou um inimigo) ainda está operando, mas a dor não tem a tendência de, por si mesma, proliferar. Quando ela acaba, termina de vez, e o que se segue naturalmente é a alegria. Essa distinção pode ser colocada ao contrário.

A dor humana (continuação)

Depois de um erro, você não precisa apenas remover as causas (o cansaço ou a escrita ruim), mas também corrigir o próprio erro; depois de um pecado você não deve apenas, se possível, remover a tentação, mas também deve voltar atrás e se arrepender do próprio pecado. Em cada caso, um "desfazer" é necessário. A dor não requer esse desfazer. Você pode precisar curar a doença que a causou, mas a dor, uma vez superada, é estéril — ao passo que todo erro não corrigido e pecado do qual não há arrependimento são, por si sós, uma fonte de novo erro e de novo pecado fluindo até o fim dos tempos. Uma vez mais, quando erro, meu erro infecta todos os que acreditam em mim. Quando eu peco publicamente, todo espectador ou o perdoa, compartilhando assim minha culpa, ou o condena com perigo iminente para a própria caridade e humildade. Mas o sofrimento não produz naturalmente nos espectadores (a menos que sejam anormalmente depravados) nenhum efeito ruim, mas bom — o de pena. Assim, aquele mal que Deus usa principalmente para produzir o "bem complexo" é nitidamente desinfetado ou privado daquela tendência proliferante que é a pior característica do mal em geral.

"O que é o mundo, ó soldados?
Sou eu:
Eu, esta neve incessante,
Este céu do norte;
Soldados, esta solidão
Por onde passamos
Sou eu."

W. DE LA MARE, *Napoleon*[1]

"Ricardo ama Ricardo;
eu sou eu mesmo."

SHAKESPEARE[2]

---

[1]*Walter John de la Mare (1873–1956), poeta e escritor inglês, mais conhecido por suas obras infantis. Seu curto poema "Napoleon" [Napoleão] foi publicado em 1920.

[2]**A tragédia do rei Ricardo III*, Ato V, Cena III (tradução de Carlos Alberto Nunes).

CAPÍTULO 8

Inferno

Em um capítulo anterior, foi admitido que a dor, a única que poderia despertar o homem mau para o conhecimento de que nem tudo estava bem, também poderia levar a uma rebelião final e sem arrependimento. E tem sido admitido, por toda parte, que o homem tem livre-arbítrio e que todos os dons que ele recebe têm, portanto, dois gumes. A partir dessas premissas, segue-se diretamente que o trabalho Divino para redimir o mundo não pode ter certeza de sucesso no que diz respeito a cada alma individual. Algumas não serão resgatadas. Não há doutrina que eu removeria mais voluntariamente do cristianismo do que essa, se isso estivesse em meu poder. Mas ela tem todo o apoio da Escritura e, principalmente, das próprias palavras de Nosso Senhor; ela sempre foi sustentada pela Cristandade e tem o apoio da razão. Se um jogo é disputado, deve ser possível perdê-lo. Se a felicidade de uma criatura reside na autorrendição, ninguém pode fazer essa entrega a não ser ela mesma (embora muitos possam ajudá-la a fazer isso), e ela pode recusar. Eu pagaria qualquer preço para poder dizer com sinceridade: "Todos serão salvos". Mas minha razão retruca: "Sem a vontade deles ou com ela?". Se digo: "Sem a vontade deles", imediatamente percebo uma contradição: como pode o supremo ato voluntário de autorrendição ser involuntário? Se eu disser: "Com a vontade", minha razão responde: "E se eles *não* cederem?".

Os enunciados Dominicais[3] sobre o Inferno, como todos os ditos Dominicais, são dirigidos à consciência e à vontade, não à nossa curiosidade intelectual. Quando nos instigaram a agir ao convencer-nos de uma possibilidade terrível, provavelmente fizeram tudo o que pretendiam fazer; e, se o mundo todo fosse cristão convicto, seria desnecessário dizer mais uma palavra sobre o assunto. No entanto, da maneira como as coisas estão, essa doutrina é um dos principais motivos pelos quais o cristianismo é acusado de ser grosseiro e a bondade de Deus é contestada. Dizem que é uma doutrina detestável — e, na verdade, eu também a detesto do fundo do coração —, e sou lembrado das tragédias na vida humana que surgiram por se acreditar nela. Das outras tragédias que vêm do fato de não acreditarmos nela, menos se fala. Por essas razões, e só por essas, torna-se necessário discutir o assunto.

O problema não é simplesmente o de um Deus que destina algumas de suas criaturas à ruína final. Esse seria o problema se fôssemos maometanos. O cristianismo, fiel como sempre à complexidade do que é real, apresenta-nos

---

[3]*O adjetivo é usado aqui no sentido de "o que é do Senhor" (do latim *dominus*, "senhor"), não de "o que é relativo ao domingo".

algo mais complicado e mais ambíguo: um Deus tão cheio de misericórdia que se torna homem e morre sob tortura para evitar a ruína final de suas criaturas, e que ainda, onde aquele remédio heroico falha, parece relutante, ou mesmo incapaz, de deter a ruína por meio de um ato de mero poder. Se há pouco eu disse levianamente que pagaria "qualquer preço" para remover essa *doutrina*, eu menti. Não poderia pagar a milésima parte do preço que Deus já pagou para remover o *fato*. E aqui está o verdadeiro problema: há tanta misericórdia; no entanto, o Inferno ainda existe.

Não vou tentar provar que a doutrina é tolerável. Não nos enganemos: ela *não* é tolerável. Mas penso que se possa mostrar que a doutrina é moral por meio da crítica às objeções normalmente feitas, ou sentidas, contra ela.

Primeiro, há uma objeção, em muitas mentes, à ideia de punição retributiva como tal. Isso foi parcialmente tratado em um capítulo anterior. Ali foi argumentado que toda punição se tornaria injusta se as ideias de não merecimento e retribuição fossem removidas dela e um núcleo de retidão fosse descoberto dentro da própria paixão vingativa, na exigência de que o homem mau não deve ficar perfeitamente satisfeito com o próprio mal, que precisa parecer a ele o que corretamente parece aos outros: o mal. Eu disse que a Dor finca a bandeira da verdade em uma fortaleza rebelde. Estávamos naquele ponto discutindo a dor que ainda pode levar ao arrependimento. E, se isso não acontecer — e se nenhuma outra conquista, além do fincar da bandeira, ocorrer? Vamos tentar ser honestos com nós mesmos. Imagine um homem que alcançou riqueza ou poder por meio de uma trajetória contínua de traição e crueldade, por explorar, para fins puramente egoístas, as nobres emoções de suas vítimas, rindo da simplicidade delas; que, tendo assim alcançado o sucesso, usa-o para a satisfação da luxúria e do ódio e, ao cabo, dá fim ao último trapo de honra entre ladrões ao trair os próprios cúmplices e zombar dos últimos momentos de aturdida desilusão deles. Suponha, ainda, que ele faça tudo isso, não (como gostamos de imaginar) atormentado por remorso ou mesmo por receio, mas comendo como um adolescente e dormindo como uma criança saudável — um homem alegre, de face corada, sem preocupações no mundo, inabalavelmente confiando até o fim de que só ele encontrou a resposta para o enigma da vida, que Deus e o homem são tolos, que ele levou a melhor sobre estes, que sua maneira de viver é totalmente bem-sucedida, satisfatória, inexpugnável. Devemos ter cuidado nesse ponto. A menor indulgência com a paixão pela vingança é um pecado mortal. A caridade cristã nos aconselha a fazer todos os esforços pela conversão de um homem assim: preferir sua conversão, com perigo de nossa própria vida, talvez de nossa própria alma, a seu castigo; preferir isso infinitamente. Mas essa não é a questão. Supondo que ele *não* se converta, que destino no mundo eterno você pode considerar apropriado para ele? Você pode realmente desejar que tal homem, *permanecendo o que é* (e ele deve ser capaz de fazer isso se tiver livre-arbítrio), seja confirmado para sempre em sua presente felicidade — que continue, por toda a eternidade, a estar perfeitamente convencido de que o rir está do lado dele? E, se você não puder considerar isso tolerável, é apenas sua perversidade — apenas rancor — que impede de fazer isso? Ou você acha que o conflito entre Justiça e Misericórdia, que às vezes lhe pareceu uma peça de teologia tão fora de moda, agora realmente está agindo em sua mente e parecendo-lhe muito que tenha vindo de cima, não de baixo? Você é movido, não por um desejo pela dor da miserável criatura como tal, mas por uma exigência verdadeiramente ética de que, cedo ou tarde, o direito seja afirmado, a bandeira seja plantada nessa alma horrivelmente rebelde, mesmo que nenhuma conquista mais plena e melhor venha a seguir. Em certo sentido, é melhor para a própria criatura, mesmo que nunca se torne boa, que ela se reconheça como um fracasso, um erro. É difícil que mesmo a misericórdia possa desejar para tal homem sua eterna e contente continuação nessa medonha ilusão. Tomás de Aquino disse do sofrimento, como Aristóteles disse da vergonha, que não era uma coisa boa em si mesmo, mas algo que pode ter certa bondade em circunstâncias particulares. Ou seja, se o mal está presente, a dor no reconhecimento do mal, sendo uma espécie de conhecimento, é relativamente boa; pois a alternativa é que a alma deva ser ignorante do mal, ou ser ignorante de que o mal é contrário à sua natureza — "e em um e outro caso", diz o filósofo, "há mal *manifesto*".[4] E penso que nós, embora tremamos, concordamos com isso.

---

[4] *Suma teológica*, Pars Prima Secundae, Questão 39, Art. 1 [*(Campinas: Ecclesiae, 2016, p. 245-246. Tradução de Alexandre Correia). As citações anteriores a Aquino e a Aristóteles também podem ser encontradas na Questão 39, Art. 1.]

O problema da dor

A exigência de que Deus perdoe a tal homem, embora ele permaneça o que é, baseia-se na confusão entre tolerar e perdoar. Tolerar um mal é simplesmente ignorá-lo, tratá-lo como se fosse bom. Mas o perdão precisa ser aceito tanto quanto oferecido se quiser ser completo — e um homem que não admite culpa não pode aceitar perdão.

Comecei com a concepção do Inferno como um castigo retributivo positivo infligido por Deus porque essa é a forma em que a doutrina é mais repulsiva, e gostaria de enfrentar a objeção mais forte. Mas, é claro, embora Nosso Senhor frequentemente fale do Inferno como uma sentença infligida por um tribunal, ele também diz em outro lugar que o julgamento consiste no próprio fato de que os homens preferem as trevas à luz, e que, não ele, mas sua "Palavra" julga os homens.[5] Portanto, temos a liberdade — já que as duas concepções, no fim das contas, significam a mesma coisa — de pensar na perdição desse homem mau não como uma sentença imposta a ele, mas como o mero fato de ser o que ele é. A característica das almas perdidas é "sua rejeição de tudo que não seja simplesmente elas mesmas".[6] Nosso egoísta imaginário tentou transformar tudo

---

[5] João 3:19; 12:48.
[6] Ver von Hügel, *Essays and Addresses*, 1st series, vol. 1, "What do we mean by Heaven and Hell?". [*Lewis apresenta uma paráfrase do pensamento de Friedrich von Hügel (1852–1925), filósofo e escritor católico romano nascido na Itália, em sua obra *Essays and Addresses on the Philosophy of Religion* [Ensaios e palestras sobre a filosofia da religião], "What do we mean by Heaven? And what do we mean by Hell?" [O que queremos dizer com Céu? E o que queremos dizer com Inferno?].

Inferno

o que encontra em uma província ou um apêndice do ego. O gosto pelo *outro*, isto é, a própria capacidade de desfrutar o bem, está extinto nele, exceto na medida em que seu corpo ainda o atrai a algum contato rudimentar com um mundo exterior. A morte remove esse último contato. Ele tem seu desejo satisfeito: existir totalmente em si mesmo e tirar o melhor proveito do que encontrar lá. E o que ele encontra lá é o Inferno.

Outra objeção gira em torno da aparente desproporção entre a condenação eterna e o pecado transitório. E, se pensarmos na eternidade como mero prolongamento do tempo, é desproporcional. Mas muitos rejeitariam essa ideia de eternidade. Se pensarmos no tempo como uma linha — o que é uma boa imagem, porque as partes do tempo são sucessivas e nenhuma delas pode coexistir; isto é, não há *largura* no tempo, apenas comprimento —, provavelmente deveríamos pensar na eternidade como um plano ou mesmo um sólido. Assim, toda a realidade de um ser humano seria representada por uma figura sólida. Essa figura seria principalmente a obra de Deus, agindo pela graça e pela natureza, mas o livre-arbítrio humano teria contribuído com a linha de base que chamamos de vida terrena — e, se você traçar sua linha de base torta, todo o sólido estará no lugar errado. O fato de a vida ser curta, ou, no exemplo dado, de contribuirmos com apenas uma pequena linha para toda a complexa figura, pode ser considerado uma misericórdia Divina; pois, se até mesmo o desenho daquela pequena linha, deixada a nosso livre-arbítrio, às vezes é tão mal feito a ponto de estragar o todo, que bagunça muito pior poderíamos ter feito com a figura se mais tivesse sido confiado a nós? Uma forma mais simples da mesma objeção consiste em dizer que a morte não deve ser final, que deve haver uma segunda chance.[7] Eu acredito que, se houvesse um milhão de prováveis chances de fazermos o bem, elas seriam dadas. Mas um mestre frequentemente sabe, ao passo que meninos e pais não, que é realmente inútil mandar de novo um menino para determinado exame. O fim deve chegar em algum momento, e não se requer uma fé muito forte para crer que a onisciência sabe quando.

Uma terceira objeção gira em torno da terrível intensidade das dores do Inferno, conforme sugerido pela arte medieval e, de fato, por certas passagens da Escritura. Von Hügel aqui nos alerta para não se confundir a própria doutrina com as *imagens* pelas quais ela pode ser transmitida. Nosso Senhor fala do Inferno sob três símbolos: primeiro, o da punição ("castigo eterno", Mateus 25:46); segundo, o da destruição ("tenham medo daquele que pode destruir tanto a alma como o corpo no inferno", 10:28); e, em terceiro lugar, o da privação, exclusão ou banimento "para fora, nas trevas", como nas parábolas do homem sem veste nupcial (22:12-13) ou das virgens sábias e tolas. A imagem predominante do fogo é significativa porque combina as ideias de tormento e de destruição. Ora, é bastante certo que todas essas expressões pretendem sugerir algo indescritivelmente

---

[7] O conceito de "segunda chance" não deve ser confundido nem com o do Purgatório (para as almas já salvas), nem com o do Limbo (para as almas já perdidas).

Inferno

horrível, e qualquer interpretação que não enfrente esse fato está, infelizmente, excluída desde o início. Mas não é necessário focar as imagens de tortura para excluir aquelas que sugerem destruição e privação. O que pode ser aquilo de que as três imagens são símbolos igualmente adequados? Destruição, devemos supor naturalmente, significa o desfazer, ou a cessação, do destruído. E as pessoas costumam falar como se a "aniquilação" de uma alma fosse intrinsecamente possível. Em toda a nossa experiência, entretanto, a destruição de uma coisa significa o surgimento de outra. Queime lenha e você terá gases, calor e cinzas. *Ter sido* lenha significa agora ser essas três coisas. Se a alma pode ser destruída, não deve haver um estado de *ter sido* uma alma humana? E, talvez, não seja esse o estado que é igualmente bem descrito como tormento, destruição; e privação? Você se lembrará de que, na parábola, os salvos vão para um lugar preparado para *eles*, enquanto os condenados vão para um lugar que nunca foi feito para os homens.[8] Entrar no céu é se tornar mais humano do que você jamais conseguiu ser na terra; entrar no inferno é ser banido da humanidade. O que é lançado (ou se lança) no inferno não é um homem: é o que "permanece". Ser um homem completo significa ter as paixões obedientes à vontade e a vontade oferecida a Deus: *ter sido* um homem — ser um ex-homem ou um "fantasma maldito" — presumivelmente significaria consistir em uma vontade totalmente centrada em seu eu e em paixões

---

[8]Mateus 25:34,41.

totalmente não controladas pela vontade. É claro que é impossível imaginar o que seria a consciência de tal criatura — já um frouxo amontoado de pecados mutuamente antagônicos em lugar daquilo que um pecador seria. Pode haver uma verdade em dizer que "inferno é inferno, não do seu ponto de vista, mas do ponto de vista celestial". Não creio que isso desminta a severidade das palavras de Nosso Senhor. É apenas para os condenados que seu destino poderia parecer menos do que insuportável. E deve-se admitir que, à medida que, nestes últimos capítulos, pensamos na eternidade, as categorias de dor e prazer, que há tanto tempo nos ocupam, começam a retroceder, à medida que o bem e o mal mais vastos se avolumam. Nem a dor nem o prazer têm a última palavra. Mesmo que fosse possível que a experiência (se pode ser chamada de experiência) do perdido não contivesse dor, mas muito prazer, ainda assim, aquele prazer sombrio seria tal que enviaria qualquer alma, ainda que não condenada, rapidamente às orações em um terror de pesadelo; mesmo que houvesse dores no céu, todos os que as entendem as desejariam.

Uma quarta objeção é que nenhum homem caridoso poderia ser bem-aventurado no céu enquanto soubesse que uma alma humana ainda está no inferno — e, se assim for, somos mais misericordiosos do que Deus? Por trás dessa objeção está uma imagem mental do céu e do inferno coexistindo em um tempo unilinear como as histórias da Inglaterra e da América coexistem; de modo que a cada momento o bem-aventurado pudesse dizer: "As misérias do inferno estão acontecendo agora". Mas noto que Nosso

Inferno

Senhor, ao enfatizar o terror do inferno com severidade implacável, geralmente enfatiza a ideia não de duração, mas de *finalidade*. O ser enviado para o fogo destruidor é geralmente tratado como o fim da história, não como o início de uma nova história. Não podemos duvidar de que a alma perdida esteja eternamente aferrada a sua atitude diabólica; mas se essa fixidez eterna implica uma duração infinita — ou duração alguma — não podemos dizer. O dr. Edwyn Bevan tem algumas especulações interessantes sobre esse ponto.[9] Sabemos muito mais sobre o céu do que sobre o inferno, pois o céu é o lar da humanidade e, portanto, contém tudo o que está implícito em uma vida humana glorificada, mas o inferno não foi feito para os homens. Não é em nenhum sentido *paralelo* ao céu: é "as trevas exteriores", a margem externa onde o ser desvanece-se em não existência.

Por fim, contesta-se que a perda final de uma única alma significa a derrota da onipotência. E assim é. Ao criar seres com livre-arbítrio, a onipotência se submete desde o início à possibilidade dessa derrota. O que você chama de derrota, eu chamo de milagre, pois fazer coisas que não sejam elas mesmas e, assim, tornar-se, em certo sentido, capaz de sofrer resistência por parte de sua própria obra, é o mais surpreendente e inimaginável de todos os feitos que atribuímos à Divindade. Acredito de bom grado que os condenados

---

[9] *Symbolism and Belief*, p. 101. [*Edywn Robert Bevan (1870–1943), historiador cristão inglês, catedrático de religiões comparadas, literatura e história helenista. Seu livro *Symbolism and Belief* [Simbolismo e crença] foi publicado em 1938. Lewis está se referindo ao pensamento do autor na "Lecture Four, Time" [Palestra quatro, Tempo].

são, em certo sentido, rebeldes bem-sucedidos até o fim; que as portas do inferno estão trancadas *por dentro*. Não quero dizer que os espíritos não *desejem* sair do inferno, da maneira vaga como um homem invejoso "deseja" ser feliz; mas eles com certeza não querem nem mesmo os primeiros estágios preliminares daquele autoabandono mediante o qual somente a alma pode alcançar qualquer bem. Eles gozam para sempre da horrível liberdade que exigiram e, portanto, são escravos de si mesmos; assim como os bem-aventurados, sempre submetidos à obediência, tornam-se por toda a eternidade cada vez mais livres. No fim das contas, a resposta a todos aqueles que se opõem à doutrina do inferno é, em si, uma pergunta: "O que vocês estão pedindo a Deus?". Que limpe seus pecados passados e, a todo custo, lhes dê um novo começo, suavizando todas as dificuldades e oferecendo toda ajuda milagrosa? Mas ele fez isso, no Calvário. Perdoar-lhes? Eles não serão perdoados. Deixá-los de lado? Infelizmente, temo que seja isso que ele faz.

Uma advertência, e dou por completa a minha tarefa. A fim de despertar as mentes modernas para a compreensão dessas questões, ousei apresentar neste capítulo uma imagem do tipo de homem mau que mais facilmente percebemos como sendo de fato mau. Mas, quando a imagem tiver feito esse trabalho, quanto mais cedo for esquecida, melhor. Em todas as discussões sobre o Inferno, devemos manter firmemente diante dos olhos a possível condenação, não de nossos inimigos nem de nossos amigos (já que ambos perturbam a razão), mas de nós mesmos. Este capítulo não se dirige a sua esposa ou ao seu filho, nem a Nero ou a Judas Iscariotes; dirige-se a você e a mim.

"E o nome que o homem [Adão] desse a cada ser vivo, esse seria o seu nome."

Gênesis 2:19

"Deveríamos, de preferência, ver o que é natural nos seres cuja condição é conforme à natureza, e não naqueles em que existe corrupção."

Aristóteles, *Política*, I, 5, 5[1]

---

[1]*Aristóteles, *Política*, edição bilíngue (Lisboa: Vega, 1998, p. 61. Tradução de António Campelo Amaral e Carlos de Carvalho Gomes).

CAPÍTULO 9

Dor animal[2]

Até agora, lidamos com o sofrimento humano; mas todo esse tempo "um lamento de mágoa inocente corta o céu".[3] O problema do sofrimento animal é terrível; não porque os animais sejam tão numerosos (pois, como vimos, não há mais dor quando um milhão sofre do que quando um só sofre), mas porque a explicação cristã da dor humana não pode ser estendida à dor animal. Tanto quanto sabemos, os

---

[2]*Este artigo foi fortemente criticado por Cyril Edwin Mitchinson Joad (1891–1953), filósofo, escritor e acadêmico britânico, que se tornou popular pela divulgação da filosofia por meio de programas da rádio BBC. Mais tarde, interessou-se por paranormalidade e fenômenos psíquicos. Próximo ao fim da vida, aparentemente retornou à fé cristã da juventude, tendo sido influenciado por *A abolição do homem*, de Lewis. A resposta de Lewis às críticas de Joad (à época, chefe do Departamento de Filosofia na Universidade de Londres) feitas ao presente artigo é o cap. 20, "Os sofrimentos dos animais: Um problema na teologia", de *Deus no banco dos réus* (Rio de Janeiro: Thomas Nelson Brasil, 2018. Tradução de Giuliana Niedhardt).

[3]*Sir Philip Sidney (1554–1586), soldado, poeta e crítico inglês, um dos mais importantes da era elisabetana. A citação é de sua obra em prosa e verso *Arcadia*.

animais são incapazes de pecado ou de virtude; portanto, eles não podem merecer a dor nem ser aperfeiçoados por ela. Ao mesmo tempo, nunca devemos permitir que o problema do sofrimento animal se torne o centro do problema da dor; não porque não seja importante — seja o que for a fornecer bases plausíveis para questionar a bondade de Deus, isso é muito importante, de fato —, mas porque está fora do alcance de nosso conhecimento. Deus nos deu dados que nos permitem, em algum grau, compreender nosso próprio sofrimento; ele não nos deu esses dados sobre os animais. Não sabemos por que foram feitos nem o que são, e tudo o que dizemos sobre eles é especulativo. Da doutrina de que Deus é bom podemos deduzir com segurança que a *aparência* de indiferente crueldade divina no reino animal é uma ilusão — e o fato de que o único sofrimento que conhecemos em primeira mão (o nosso) não vem a ser uma crueldade torna mais fácil acreditar nisso. Além disso, tudo é adivinhação.

Podemos começar descartando alguns dos blefes pessimistas apresentados no primeiro capítulo. O fato de que os vegetais vivem "como presas" uns dos outros e estão em um estado de competição "implacável" não tem nenhuma importância moral. "Vida" no sentido biológico não tem nada a ver com o bem e o mal até que apareça a senciência. As próprias palavras "presa" e "implacável" são meras metáforas. Wordsworth acreditava que "toda flor / desfruta o ar que respira",[4] mas não

---

[4]*William Wordsworth (1770–1850), o maior poeta romântico inglês. Terceiro e quarto versos da terceira estrofe de seu poema "Lines Written in Early Spring" [Linhas escritas na primavera precoce].

há razão para supor que ele estivesse certo. Sem dúvida, as plantas vivas reagem aos machucados de maneira diferente da matéria inorgânica, mas um corpo humano anestesiado reage de maneira ainda mais diferente, e tais reações não provam senciência. É claro que temos justificativa para falar da morte ou da frustração de uma planta como se fosse uma tragédia, desde que saibamos que estamos usando uma metáfora. Fornecer símbolos para experiências espirituais pode ser uma das funções dos mundos mineral e vegetal, mas não devemos nos tornar vítimas de nossa metáfora. Uma floresta na qual metade das árvores está matando a outra metade pode ser uma floresta perfeitamente "boa", pois sua bondade consiste em sua utilidade e em sua beleza, e ela não sente.

Quando nos voltamos para os animais, surgem três perguntas. Há, primeiramente, a questão do fato: o que os animais sofrem? Há, em segundo lugar, a questão da origem: como a doença e a dor entraram no mundo animal? E, em terceiro lugar, há a questão da justiça: como pode o sofrimento animal ser conciliado com a justiça de Deus?

1. Ao fim das contas, a resposta à primeira pergunta é: não sabemos. Mas pode valer a pena registrar algumas especulações. Devemos começar fazendo distinções entre os animais; pois se o macaco pudesse nos entender, ele ficaria muito bravo se fosse agrupado junto com a ostra e a minhoca em uma única classe de "animais" e em contraste com os homens. É evidente que, em alguns aspectos, o macaco e o homem são muito mais parecidos um com o

outro do que um ou o outro com a minhoca. Na extremidade inferior do reino animal, não há necessidade de presumirmos haver alguma coisa que possa ser reconhecida como senciência. Os biólogos, ao distinguir o animal do vegetal, não usam como critérios a senciência, a locomoção ou outras características que um leigo naturalmente levaria em conta. Em algum ponto, entretanto (embora não possamos dizer onde), a senciência quase certamente aparece, pois os animais superiores têm sistemas nervosos muito parecidos com o nosso. Mas, nesse nível, ainda devemos distinguir senciência de consciência. Se, por acaso você nunca ouviu falar dessa distinção, temo que vá achá-la bastante surpreendente, mas ela tem grande autoridade e seria imprudente descartá-la de pronto. Suponha que três sensações se sigam, primeiro A, depois B e, então, C. Quando isso acontece com você, você tem a experiência de passar pelo processo ABC. Mas observe o que isso implica. Isso implica que há algo em você que está suficientemente fora de A para notar A passando, e suficientemente fora de B ao ponto de notar B agora começando e vindo a fim de preencher o lugar que A desocupou; e algo que se reconhece como algo pela transição de A para B e de B para C de modo que possa dizer: "Eu tive a experiência ABC". Bem, esse algo é o que chamo de Consciência ou Alma, e o processo que acabei de descrever é uma das provas de que a alma, embora experimente o tempo, não está ela própria completamente "no tempo". A experiência mais simples de ABC como uma sucessão exige uma alma que não é ela mesma uma mera sucessão de estados, mas sim um leito permanente ao longo do qual essas diferentes porções do fluxo de sensação rolam, e que se reconhece como ela mesma por baixo de todas. Mas é quase certo que o sistema nervoso de um dos animais superiores apresente isso com sensações sucessivas. Disso não decorre que o animal tenha "alma", qualquer coisa que se reconheça como tendo A, e agora tendo B, e agora percebendo como B se afasta para dar lugar a C. Se não houvesse tal "alma", o que chamamos de experiência ABC nunca ocorreria. Haveria, em linguagem filosófica, "uma sucessão de percepções"; ou seja, as sensações, de fato, ocorreriam nessa ordem, e Deus saberia que elas estavam ocorrendo, mas o animal não. Não haveria "uma percepção de sucessão". Isso significaria que, se você golpear tal criatura duas vezes com um chicote, haverá, de fato, duas dores, mas não há um eu coordenador que possa reconhecer que "senti duas dores". Mesmo na única dor, não há um eu para dizer: "Estou com dor", pois se pudesse se distinguir da sensação — o leito do riacho — o suficiente para dizer: "Estou com dor", também seria capaz de relacionar as duas, as sensações com a experiência delas. A descrição correta seria: "A dor está ocorrendo nesse animal"; não como costumamos dizer: "Este animal sente dor", pois as palavras "este" e "sente" realmente trazem sorrateiramente a suposição de que é um "eu" ou "alma" ou "consciência" que está acima das sensações e as organizando em uma "experiência" como nós o fazemos. Essa senciência sem consciência, admito, não a podemos imaginar, e não porque nunca ocorra em nós, mas porque, quando ocorre, nos descrevemos como estando "inconscientes". E com razão: o fato de os animais reagirem à dor da mesma forma que nós, é claro, não prova que eles estejam conscientes, pois também podemos reagir sob o clorofórmio e até responder a perguntas enquanto dormimos.

A que ponto essa senciência inconsciente pode se estender não posso nem mesmo sugerir. É certamente difícil supor que os macacos, o elefante e os animais domésticos superiores não tenham, em algum grau, um eu ou uma alma que relacione experiências e dê origem a uma individualidade rudimentar. Mas, pelo menos, muito do que parece ser sofrimento animal não precisa ser sofrimento em nenhum sentido real. Pode ser que nós tenhamos inventado "os que sofrem" por causa da "falácia patética" de ver nos animais um eu do qual não há evidências reais.

2. A origem do sofrimento animal poderia ser rastreada, pelas gerações anteriores, até a Queda do homem: o mundo inteiro foi infectado pela rebelião incriadora de Adão. Isso agora é impossível, pois temos boas razões para acreditar que os animais existiram muito antes de os homens. Ser carnívoro, com tudo o que isso acarreta, é mais antigo que a humanidade. No entanto, é impossível, neste ponto, não lembrar certa história sagrada que, embora nunca incluída nos credos, foi amplamente aceita na Igreja e parece estar implícita em várias declarações Dominicais, paulinas e joaninas: refiro-me à história de que o homem não foi a primeira criatura a se rebelar contra o Criador, mas que um ser mais antigo e poderoso há muito se tornou apóstata e agora é o imperador das trevas e (significativamente) o

Senhor deste mundo.[5] Algumas pessoas gostariam de rejeitar todos esses elementos do ensino de Nosso Senhor; e pode-se argumentar que, quando se esvaziou de sua glória, ele também se humilhou a fim de compartilhar, como homem, as superstições atuais de seu tempo. E eu certamente acho que Cristo, na carne, não era onisciente — pela simples razão de que um cérebro humano não poderia, presumivelmente, ser o veículo da consciência onisciente, e dizer que o pensamento de Nosso Senhor não era de fato condicionado pelo tamanho e pela forma de seu cérebro pode negar a encarnação real e tornar alguém um Docetista.[6] Assim, se Nosso Senhor se tivesse comprometido com qualquer declaração científica ou histórica que sabemos ser falsa, isso não perturbaria minha fé em sua divindade. Mas a doutrina da existência e queda de Satanás não está entre as coisas que sabemos serem falsas; ela contradiz, não os fatos descobertos pelos cientistas, mas o mero e vago "ambiente de opiniões" em que ocorre de estarmos vivendo. Mas eu tenho um conceito muito baixo sobre "ambientes de opiniões". Em tudo o que lhe diz respeito, cada homem sabe que todas as descobertas são feitas

---

[5]*Lewis refere-se a Satanás. Os autores bíblicos mencionados reconhecem sua existência e seu poder (cf. Mt 25:41; Lc 10:18; Jo 8:44; 2Co 4:4; 1Jo 3:8), mas nenhum deles faz menção implícita à origem de Satanás nos termos sugeridos por Lewis.

[6]*O docetismo é uma heresia dos primeiros séculos que afirmava que Jesus apenas aparentava ser humano, seu corpo era um fantasma e seus sofrimentos e sua morte foram meras aparências. Os docetistas, portanto, negavam a humanidade de Cristo, mas afirmavam sua divindade.

e todos os erros são corrigidos por aqueles que ignoram o "ambiente de opiniões".

Parece-me, portanto, uma suposição razoável que alguma potestade criada já estava trabalhando para o mal no universo material, ou no sistema solar, ou, pelo menos, no planeta Terra, antes mesmo que o homem entrasse em cena, e que, quando o homem caiu, alguém, de fato, o tentou. Essa hipótese não é apresentada como uma genérica "explicação do mal": ela apenas dá uma aplicação mais ampla ao princípio de que o mal vem do abuso do livre-arbítrio. Se existe tal poder, como particularmente acredito, ele pode muito bem ter corrompido a criação animal antes de o homem aparecer. O mal intrínseco do mundo animal reside no fato de que os animais, ou alguns animais, vivem de destruir uns aos outros. Que as plantas façam o mesmo, não vou admitir que seja um mal. A corrupção Satânica dos animais seria, portanto, análoga, em certo aspecto, à corrupção Satânica do homem. Pois um dos resultados da queda do homem foi que sua animalidade recuou da humanidade para a qual fora elevada, mas sobre a qual não podia mais governar. Da mesma forma, a animalidade podia ter sido encorajada a voltar ao comportamento adequado aos vegetais. É claro que a imensa mortalidade ocasionada pelo fato de muitos animais viverem de animais é equilibrada, na natureza, por uma imensa taxa de natalidade, e pode parecer que, se todos os animais fossem herbívoros e saudáveis, eles morreriam principalmente de fome como resultado da própria multiplicação. Mas considero a fecundidade e a taxa de mortalidade fenômenos correlativos.

Talvez não houvesse necessidade desse excesso de impulso sexual: o Senhor deste mundo pensou nisso como uma resposta ao carnívoro: um esquema duplo para garantir o máximo de tortura. Se ofender menos, você pode dizer que a "força vital"[7] está corrompida em lugar de eu dizer que as criaturas vivas foram corrompidas por um ser angelical maligno. Queremos dizer a mesma coisa, mas acho mais fácil acreditar em um mito de deuses e demônios do que em um dos substantivos abstratos hipostatizados. E, afinal, nossa mitologia pode estar muito mais perto da verdade literal do que supomos. Não nos esqueçamos de que Nosso Senhor, em certa ocasião, atribuiu a doença humana não à ira de Deus, nem à natureza, mas explicitamente a Satanás.[8]

Se vale a pena considerar essa hipótese, também vale a pena considerar se o homem, vindo ao mundo, já não tinha uma função redentora a desempenhar. O homem, mesmo agora, pode fazer maravilhas aos animais: meu gato e meu cachorro moram juntos em minha casa e parecem gostar disso. Pode ter sido uma das funções do homem restaurar a paz ao mundo animal e, se ele não tivesse se juntado ao inimigo, poderia ter conseguido fazê-lo em uma extensão agora difícil de imaginar.

3. Por fim, há a questão da justiça. Temos visto razões para acreditar que nem todos os animais sofrem como pensamos, mas alguns, pelo menos, parecem ter ego, e o que deve ser feito por esses inocentes? E vimos que é

---

[7]*Ver cap. 1, nota 18.
[8]Lucas 13:16.

possível acreditar que a dor animal não é obra de Deus, mas começou com a malícia de Satanás e foi perpetuada quando o homem desertou de seu posto; ainda que Deus não a tenha causado, ele a permitiu, e, mais uma vez, o que deve ser feito por esses inocentes? Fui alertado para nem mesmo levantar a questão da imortalidade animal, para não me encontrar "na companhia de todas as solteironas".[9] Não tenho objeções à companhia. Não acho que a virgindade ou a velhice sejam desprezíveis, e algumas das mentes mais astutas que conheci habitavam o corpo de solteironas. Tampouco fico muito comovido com perguntas jocosas como: "Onde você vai colocar todos os mosquitos?" — uma pergunta a ser respondida em seu próprio nível, apontando que, se o pior acontecesse, um paraíso para os mosquitos e um inferno para os homens poderiam muito bem ser combinados. O silêncio completo das Escrituras e da tradição cristã sobre a imortalidade animal é uma objeção mais séria; mas só seria fatal se a revelação cristã mostrasse quaisquer sinais de ser concebida como um *sistème de la nature* respondendo a todas as perguntas. Mas ela não é nada disso: a cortina foi fendida em um ponto, e apenas

---

[9]Mas também na de J. Wesley, Sermon LXV. *The Great Deliverance*. [*A frase de Lewis entre aspas significa que esse assunto era tido, à época, como assunto de solteironas. John Wesley (1703–1791), reverendo anglicano e teólogo britânico, fundador do metodismo. Há uma divergência entre a numeração usada por Lewis e a da Edição Jackson, usada para a versão em português. Ali, o sermão "A libertação geral", pregado em 30 de novembro de 1781, é o 60. Lewis parece referir-se especialmente aos itens III.6 e III.9.

em um ponto, para revelar nossas necessidades práticas imediatas e não para satisfazer nossa curiosidade intelectual. Se os animais fossem, de fato, imortais, é improvável, pelo que discernimos do método de Deus na revelação, que ele tivesse revelado essa verdade. Até nossa própria imortalidade é uma doutrina que apareceu tardiamente na história do judaísmo. O argumento do silêncio é, portanto, muito fraco.

A verdadeira dificuldade em supor que a maioria dos animais seja imortal é que a imortalidade quase não tem significado para uma criatura que não é "consciente" no sentido explicado acima. Se a vida de uma salamandra é meramente uma sucessão de sensações, em que estamos pensando ao dizer que Deus pode trazer de volta à vida a salamandra que morrera? Ela não se reconheceria como a mesma salamandra; as sensações agradáveis de qualquer outra salamandra que vivesse após sua morte seriam uma recompensa tão grande, ou tão pequena, por seus sofrimentos terrenos (se houver) quanto as de seu ser ressuscitado — eu ia dizer "seu eu", mas a questão toda é que a salamandra provavelmente não tem um eu. O que viemos tentando dizer com respeito a essa hipótese, nem será dito. Não há, portanto, suponho, nenhuma possibilidade de imortalidade para criaturas que são meramente sencientes. Nem a justiça e a misericórdia exigem que haja, pois tais criaturas não têm experiências dolorosas. Seu sistema nervoso fornece todas as *letras* R, D, O, mas, como não conseguem ler, nunca as transformam na palavra DOR. E todos os animais podem estar nessa condição.

Se, entretanto, a forte convicção que temos de haver uma identidade real — embora, sem dúvida, rudimentar — nos animais superiores, e especialmente naqueles que domesticamos, não é uma ilusão, seu destino exige uma consideração um pouco mais profunda. O erro que devemos evitar é considerá-los em si mesmos. O homem deve ser compreendido apenas em sua relação com Deus. Os animais devem ser entendidos apenas em sua relação com o homem e, por meio do homem, com Deus. Vamos aqui nos proteger contra uma daquelas massas informes não transmutadas de pensamento ateísta que muitas vezes sobrevivem na mente dos crentes modernos. Os ateus naturalmente consideram a coexistência do homem e dos outros animais como um mero resultado contingente da interação de fatos biológicos, e a domesticação de um animal por um homem, como uma interferência puramente arbitrária de uma espécie na outra. O animal "real" ou "natural" para eles é o selvagem, e o animal domesticado é uma coisa artificial ou não natural. Mas um cristão não deve pensar assim. O homem foi designado por Deus para ter domínio sobre os animais, e tudo que um homem faz a um animal é um exercício legal, ou um abuso sacrílego, de uma autoridade dada por direito divino. O animal domesticado é, portanto, no sentido mais profundo, o único animal "natural" — o único que vemos ocupando o lugar para o qual foi feito, e é no animal domesticado que devemos basear toda a nossa doutrina sobre os animais. Agora se verá que, na medida em que o animal domesticado tem um eu ou uma personalidade real, ele deve isso quase inteiramente a seu dono. Se um bom cão pastor parece "quase humano" é porque um bom pastor o fez assim. Já destaquei a força misteriosa da palavra "em". Não considero que todos os sentidos dela no Novo Testamento sejam idênticos, de modo que o homem está *em* Cristo, e este, *em* Deus, e o Espírito Santo, *na* Igreja e também *no* crente individual exatamente no mesmo sentido. Eles podem ser sentidos que rimam ou correspondem-se entre si, em vez de um único sentido. Vou agora sugerir — embora com grande prontidão para ser corrigido por teólogos de verdade — que pode haver um sentido, correspondente, embora não idêntico, a estes, em que aqueles animais que alcançam um eu real estão *em* seus mestres. Isso quer dizer que não se deve pensar em um animal por ele mesmo, e chamá-lo de personalidade e, então, perguntar se Deus ressuscitará e abençoará *aquilo*. Você deve considerar todo o contexto no qual o animal adquire sua identidade — a saber, "O-bom-homem-e-a-boa-esposa–governando-os-filhos--e-seus-animais-no-bom-domicílio". Todo esse contexto pode ser considerado um "corpo" no sentido paulino (ou quase subpaulino); e quem pode prever quanto desse "corpo" pode ser ressuscitado junto com o bom homem e a boa esposa? Tanto, presumivelmente, quanto for necessário não só para a glória de Deus e a bem-aventurança do casal humano, mas para aquela glória particular e aquela bem-aventurança particular que são eternamente coloridas por tal experiência terrestre particular. E, dessa forma, parece-me plausível que certos animais possam ter uma imortalidade, não em si mesmos, mas na imortalidade de

O problema da dor

seus mestres. E a dificuldade quanto à identidade pessoal em uma criatura escassamente pessoal desaparece quando a criatura é assim mantida em seu contexto adequado. Se você perguntar, a respeito de um animal assim criado como membro de todo o Corpo do domicílio, onde reside sua identidade pessoal, eu respondo: "Onde sua identidade sempre residiu até mesmo na vida terrena: em sua relação com o Corpo e, especialmente, com o mestre que é a cabeça daquele Corpo". Em outras palavras, o homem conhecerá seu cão, e este conhecerá seu dono e, ao conhecê-lo, *será* ele mesmo. Pedir que ele se *conheça* de alguma outra maneira é provavelmente pedir o que não tem sentido. Os animais não são assim e não querem ser.

Minha imagem do bom cão pastor no bom domicílio não abrange, é claro, animais selvagens nem (o que é ainda mais urgente) animais domésticos maltratados. Mas pretende-se apenas como uma ilustração tirada de uma instância privilegiada — que é, também, a meu ver, a única instância normal e não pervertida dos princípios gerais a serem observados na formulação de uma teoria da ressurreição animal. Acho que os cristãos podem hesitar com justiça em supor que qualquer animal seja imortal, por duas razões. Em primeiro lugar, por temer, ao atribuir aos animais uma "alma" em sentido pleno, obscurecer aquela diferença entre os animais e o homem que é tão nítida na dimensão espiritual quanto o é nebulosa e problemática na dimensão biológica. E, em segundo lugar, uma felicidade futura conectada com a vida presente do animal simplesmente como uma compensação pelo sofrimento — tantos milênios nos pastos felizes pagos como "reparação" por tantos anos de puxar carroças — parece uma asserção canhestra sobre a bondade Divina. Nós, por sermos falíveis, muitas vezes machucamos uma criança ou um animal sem querer, e então o melhor que podemos fazer é "compensar" por isso com alguma carícia ou um petisco. Mas não é piedoso imaginar a onisciência agindo dessa forma — como se Deus tivesse pisado na cauda dos animais no escuro e depois feito o melhor que pôde a respeito! Em um ajuste tão mal feito, não consigo reconhecer o toque de mestre; seja qual for a resposta, deve ser algo melhor do que isso. A teoria que estou sugerindo tenta evitar ambas as objeções. Ela torna Deus o centro do universo e o homem, o centro subordinado da natureza terrestre: os animais não estão coordenados com o homem, mas subordinados a ele, e o destino deles está completamente relacionado ao dele. E a imortalidade derivada que sugiro para eles não é uma mera *amende*[10] ou compensação: é parte do novo céu e da nova terra, organicamente relacionado a todo o processo de sofrimento da queda e da redenção do mundo.

Supondo, como faço, que a personalidade dos animais domesticados é, em grande medida, um dom do homem — que a mera senciência deles renasce para a existência da alma em nós, assim como nossa mera existência da alma renasce para a espiritualidade em Cristo —, eu naturalmente suponho que poucos animais, de fato, em seu estado selvagem, atinjam um "eu" ou *ego*. Mas, se algum deles fizer isso, e se for agradável à bondade de Deus que eles vivam

---

[10]*Em francês, "pena", "compensação pecuniária".

novamente, sua imortalidade também estaria relacionada ao homem — não, desta vez, a mestres individuais, mas à humanidade. Isto é, se em qualquer caso o valor quase espiritual e emocional que a tradição humana atribui a um animal (como a "inocência" do cordeiro ou a realeza heráldica do leão) tem um fundamento real na natureza do animal, e não é meramente arbitrário ou acidental, então, é *nessa* capacidade, ou principalmente nela, que se espera que o animal acompanhe o homem ressuscitado e faça parte de seu "séquito". Ou, se o caráter tradicional é bastante errôneo, então a vida celestial do animal[11] seria em virtude do efeito real, mas desconhecido, que realmente teve sobre o homem durante toda a sua história; pois, se a cosmologia cristã é, em *algum* sentido (não estou falando de um sentido literal), verdadeira, então tudo o que existe em nosso planeta está relacionado ao homem, e mesmo as criaturas que foram extintas antes de os homens existirem são vistas em sua verdadeira luz quando são vistas como os arautos inconscientes do homem.

Quando falamos de criaturas tão distantes de nós como feras e feras pré-históricas, dificilmente sabemos do que estamos falando. Pode muito bem ser que elas não tivessem nem "eu" nem sofrimentos. Pode até ser que cada espécie tivesse um eu coletivo que o Leonismo, não os leões, compartilhou na labuta da criação e estará na restauração de

---

[11]Isto é, sua participação na vida celestial dos homens *em* Cristo *para* Deus; sugerir uma "vida celestial" para os animais *como tal* é provavelmente sem sentido.

Dor animal

todas as coisas. E, se não podemos imaginar nem mesmo nossa própria vida eterna, muito menos podemos imaginar a vida que os animais podem ter como nossos "membros". Se o leão terrestre pudesse ler a profecia daquele dia em que comerá palha como o boi[12], ele não consideraria isso uma descrição do céu, mas do inferno. E, se não houver nada no leão senão a senciência carnívora, então ele estará inconsciente e sua "sobrevivência" não terá significado. Mas, se há um eu Leonino rudimentar, a esse também Deus pode dar um "corpo", como lhe agrada, um corpo que não vive mais da destruição do cordeiro, mas ricamente Leonino no sentido de que também expressa toda a energia e o esplendor e o exultante poder que habitavam o leão visível nesta terra. Acho, e estou sujeito à correção, que o profeta usou uma hipérbole oriental quando falou do leão e do cordeiro *deitados juntos*. Isso seria bastante impertinente por parte do cordeiro. Ter leões e cordeiros assim consorciados (exceto em algumas raras Saturnálias celestiais de cabeça para baixo)[13] seria o mesmo que não ter cordeiros nem leões. Eu acho que o leão, quando deixar de ser perigoso, ainda será terrível; na verdade, é então que veremos pela primeira vez aquilo de que as atuais presas e garras são uma imitação desajeitada e satanicamente pervertida. Ainda haverá algo como o estremecimento de

---

[12]*Referência a Isaías 11:6–7; 65:25.
[13]*A saturnália era um festival da antiga Roma em homenagem ao deus Saturno. Durante sua realização, as normas sociais eram ignoradas: os senhores prestavam serviços aos escravos e as orgias eram permitidas em qualquer parte, desde que a participação fosse consensual.

uma juba dourada, e muitas vezes o bom Duque dirá: "Que ruja outra vez! Que ruja outra vez!".[14]

---

[14]*Fala de Bottom, o tecelão, em *Sonho de uma noite de verão*, Ato I, Cena II, de William Shakespeare (tradução de Carlos Alberto Nunes).

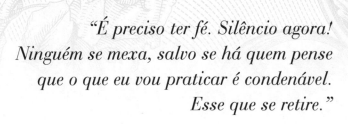

> *"É preciso ter fé. Silêncio agora!*
> *Ninguém se mexa, salvo se há quem pense*
> *que o que eu vou praticar é condenável.*
> *Esse que se retire."*
>
> SHAKESPEARE, *Conto do inverno*[1]

> *"Mergulhada em vossas profundezas*
> *de misericórdia, deixai-me morrer*
> *A morte que toda alma que vive deseja!"*
>
> COWPER, em *Madame Guion*[2]

---

[1]*Fala de Paulina, esposa de Antígono, um nobre da Sicília. Ato V, Cena III (tradução de Carlos Alberto Nunes).

[2]*William Cowper (ver cap. 6, nota 38) publicou *Translations from the French of Madame de la Mothe Guion* [Traduções do francês de Madame de la Mothe Guion], livro de poemas de Jeanne-Marie Bouvier de la Motte-Guyon (1648–1717), mística católica francesa, cuja piedade levou-a à prisão. Seus escritos exerceram grande influência sobre cristãos protestantes. Lewis cita os versos 3 e 4 do poema "The Acquiescense of Pure Love" [A aquiescência de puro amor].

CAPÍTULO 10

Céu

"Considero", disse Paulo, "que os nossos sofrimentos atuais não podem ser comparados com a glória que em nós será revelada."³ Se for assim, um livro sobre o sofrimento que nada diga sobre o céu está deixando de fora quase todo um lado da história. A Escritura e a tradição habitualmente colocam as alegrias do céu em contraste com os sofrimentos da terra, e nenhuma solução para o problema da dor que não o faça pode ser chamada de cristã. Hoje em dia, temos muita vergonha de até mencionar o céu: tememos a zombaria sobre a "torta nas nuvens"⁴ e receamos ouvir que

---

³*Romanos 8:18.
⁴*A expressão, que se tornou popular nos EUA, refere-se à ilusória promessa de uma recompensa em outra vida para aqueles que sofrem nesta e que, por isso, não precisam se preocupar se têm o que comer. O termo faz parte da música satírica *The Preacher and the Slave* [O pregador e o escravo], de Joe Hill (1879–1915), compositor e ativista trabalhista suíço-americano. Essa música usava a melodia do bem conhecido hino cristão *In The Sweet By-and-By* [No doce depois].

estamos tentando "escapar" do dever de fazer um mundo feliz aqui e agora porque sonhamos com um mundo feliz em outro lugar. Mas ou existe "torta nas nuvens", ou não. Caso inexista, então o cristianismo é falso, pois essa doutrina está tecida em toda a sua estrutura. Caso exista, então essa verdade, como qualquer outra, deve ser enfrentada, sendo ela útil em reuniões políticas ou não. Novamente, tememos que o céu seja um suborno e que, se fizermos dele nosso objetivo, não estaremos mais desinteressados. Não é assim. O céu não oferece nada que uma alma mercenária possa desejar. É seguro dizer aos puros de coração que eles verão a Deus,[5] pois somente os puros de coração desejam isso. Existem recompensas que não maculam os motivos. O amor de um homem por uma mulher não é mercenário por ele querer se casar com ela, nem seu amor pela poesia é mercenário por querer lê-la, nem seu amor pelo exercício é menos desinteressado porque quer correr, pular e andar. Amor, por definição, procura desfrutar de seu objeto.

Você pode pensar que há outra razão para nosso silêncio sobre o céu: a saber, que não o desejamos realmente. Mas isso pode ser uma ilusão. O que vou dizer agora é apenas uma opinião minha, sem a menor autoridade, que submeto ao julgamento de melhores cristãos e melhores estudiosos do que eu. Houve ocasiões em que penso que não desejamos o céu; mas com mais frequência me pergunto se, no fundo do coração, alguma vez desejamos outra coisa. Você deve ter notado que os livros que realmente ama estão

---

[5]*Mateus 5:8.

Céu

ligados por um fio secreto. Você sabe muito bem qual é a qualidade comum que o faz amá-los, embora você não consiga colocar isso em palavras; mas a maioria de seus amigos não percebe de fato, e muitas vezes se pergunta por que, por qual motivo você, por gostar desse, gostaria também daquele. Você esteve diante de alguma paisagem, que parece incorporar o que tem procurado por toda a vida; e então se virou para o amigo ao lado que parece estar vendo o que você viu — mas nas primeiras palavras um abismo se abre entre vocês, e você percebe que essa paisagem significa algo totalmente diferente para ele, que ele está perseguindo uma visão estranha e não se importa com a sugestão inefável pela qual você é transportado. Mesmo em seus passatempos, não houve sempre alguma atração secreta que os outros curiosamente ignoram — algo que não se identifica com, mas sempre a ponto de irromper: por meio de um cheiro de madeira cortada na oficina ou o barulho de água contra a lateral do barco? Não são todas as amizades duradouras nascidas no momento em que finalmente você encontra outro ser humano que tem alguma vaga noção (tênue e incerta, quando muito) daquilo que você nasceu desejando e que, sob o fluxo de outros desejos e em todos os silêncios momentâneos entre as paixões mais fortes, noite e dia, ano após ano, da infância até a velhice, você está procurando, observando, ouvindo? Você nunca *teve* tal coisa. Todas as coisas que já possuíram profundamente sua alma foram apenas indícios disso — vislumbres fascinantes, promessas nunca de todo cumpridas, ecos que morreram assim que alcançaram seu ouvido. Mas, se ela realmente se manifestasse — se algum dia viesse um eco

O problema da dor

que não morresse, mas se expandisse no próprio som —, você saberia. Sem possibilidade alguma de dúvida, você diria: "Finalmente aqui está aquilo para que eu fui feito". Não podemos contar um ao outro sobre isso. É a assinatura secreta de cada alma, o desejo incomunicável e implacável, o que desejávamos antes de encontrar nossa esposa ou fazer nossos amigos ou escolher nosso trabalho, e que ainda desejaremos em nosso leito de morte, quando a mente não conhecer mais esposa ou amigo ou trabalho. Enquanto nós formos, isso será. Se perdermos isso, perderemos tudo.[6]

Essa assinatura em cada alma pode ser um produto da hereditariedade e do ambiente, mas isso apenas significa que a hereditariedade e o ambiente estão entre os instrumentos pelos quais Deus cria uma alma. Não estou considerando como, mas por que, ele faz cada alma única. Se ele não tivesse utilidade para todas essas diferenças, não vejo por que deveria ter criado mais almas e não uma só. Esteja certo de que os meandros de sua individualidade não são um mistério para ele; e um dia eles não serão mais um mistério para você. O molde em que é feita uma chave seria uma coisa estranha se você nunca tivesse visto uma chave, e a própria chave, uma coisa estranha, se você nunca tivesse visto uma fechadura. Sua alma tem uma forma curiosa, pois é um buraco feito para se encaixar em uma determinada protuberância nos contornos infinitos da substância

---

[6]Não estou, é claro, sugerindo que estes anseios imortais, que temos do Criador porque somos homens, devam ser confundidos com os dons do Espírito Santo para aqueles que estão em Cristo. Não devemos imaginar que somos santos porque somos humanos.

Céu

divina, ou uma chave para destrancar uma das portas da casa com muitas mansões. Pois não é a humanidade em abstrato que deve ser salva, mas você, *você*, o leitor individual, o seu João Sousa ou a dona Janete Silveira. Bendita e afortunada criatura, seus olhos verão a Deus, e não os de outra pessoa.[7] Tudo o que você é, pecados à parte, está destinado, se você permitir a Deus seguir sua boa maneira de agir, à total satisfação. O espectro de Brocken[8] "olhou para todo homem como seu primeiro amor"[9] porque ele era um trapaceiro. Mas Deus olhará para cada alma como seu primeiro amor porque ele é o primeiro amor dela. Seu lugar no céu parecerá ter sido feito para você, e somente para você, porque você foi feito para ele — feito para ele ponto por ponto como uma luva é feita para uma mão.

É desse ponto de vista que podemos entender o inferno em seu aspecto de privação. Durante toda a vida, um êxtase inatingível pairou um pouco além do alcance de sua consciência. Chegará o dia em que você acordará para descobrir, além de toda esperança que pudesse ter de alcançar, que o alcançou, ou então, que aquilo estava a seu alcance, e você o perdeu para sempre.

---

[7]*Referência a Jó 19:25-27.
[8]*O espectro de Brocken é a sombra muito ampliada de um observador que está de costas para o Sol, normalmente cercada por faixas parecidas com um arco-íris, que pode ser vista nas nuvens. O termo foi cunhado em 1780 por Johann Silberschlag, pastor alemão e cientista natural, ao observar o fenômeno com frequência no pico de Brocken, nas montanhas de Hartz, na Alemanha.
[9]*Não foi possível identificar a origem dessa citação.

O problema da dor

Essa pode parecer uma noção perigosamente privada e subjetiva da pérola de grande valor,[10] mas não é. Aquilo de que estou falando não é uma experiência. Você experimentou apenas a *falta* disso. A coisa em si nunca foi realmente incorporada em nenhum pensamento, imagem ou emoção. Ela sempre o convocou para fora de si mesmo. E, se você não sair de si mesmo para segui-la, se você sentar para meditar sobre o desejo e tentar acalentá-lo, o próprio desejo escapará de você. "A porta para a vida geralmente se abre atrás de nós" e "a única sabedoria", para alguém "assombrado [...] pelo perfume de rosas invisíveis [...] é o trabalho".[11] Esse fogo secreto se apaga quando você o assopra; amanse-o com o que parece ser o improvável combustível de dogma e ética, dê as costas a ele e cumpra seus deveres, e então ele se acenderá. O mundo é como uma imagem com fundo dourado, e nós, as figuras dessa imagem: enquanto não sair do plano da imagem para as grandes dimensões da morte, você não pode ver o ouro. Mas temos lembretes disso. Para mudar nossa metáfora, o blecaute não está totalmente completo. Existem fendas. Às vezes, a cena diária parece grande com seu segredo.

Essa é minha opinião, e pode estar errada. Talvez esse desejo secreto também faça parte do Velho Homem e deva ser crucificado antes do fim. Mas essa opinião tem um truque curioso para escapar da negação. O

---

[10]*Referência a Mateus 13:46.
[11]George MacDonald. *Alec Forbes* [*de Howglen*], cap. 33.

Céu

desejo — muito mais a satisfação — sempre se recusou a estar plenamente presente em qualquer experiência. Não importando o que você tente identificar com ele, isso acaba por não ser ele, mas outra coisa, de modo que dificilmente qualquer grau de crucificação ou de transformação pode ir além do que o próprio desejo nos leva a antecipar. Novamente, se essa opinião não for verdadeira, algo melhor é. Mas "algo melhor" — não esta ou aquela experiência, mas além dela — é quase a definição do que estou tentando descrever.

Aquilo que você anseia convoca você para longe de seu ego. Até mesmo o desejo pela coisa vive apenas se você o abandonar. Esta é a lei suprema: a semente morre para viver, o pão deve ser lançado sobre as águas, aquele que perder sua alma a salvará.[12] Mas a vida da semente, o encontrar o pão, a recuperação da alma são tão reais quanto o sacrifício preliminar. Portanto, é verdadeiramente dito que "no céu não há propriedade. Se alguém ali decidisse chamar qualquer coisa de sua, ele imediatamente seria lançado no inferno e se tornaria um espírito maligno".[13] Mas também é dito: "Ao vencedor darei [...] uma pedra branca com um novo nome nela inscrito, conhecido apenas por aquele que o recebe".[14] O que pode ser mais próprio de um homem do que esse novo nome que, mesmo na eternidade, permanece um segredo entre Deus e ele? E o que esse segredo deve significar?

---

[12]*Referência a João 12:24; Eclesiastes 11:1; Mateus 16:25.
[13]*Theologia Germanica*, LI.
[14]Apocalipse 2:17.

O problema da dor

Certamente, cada um dos redimidos conhecerá e louvará para sempre algum aspecto da beleza Divina melhor do que qualquer outra criatura. Por qual outro motivo teriam sido criados os indivíduos, a não ser que Deus, amando a todos infinitamente, poderia amar a cada um de maneira diferente? E essa diferença, longe de prejudicar, inunda de sentido o amor de todas as bem-aventuradas criaturas umas pelas outras: a comunhão dos santos. Se todos experimentassem Deus da mesma maneira e lhe retribuíssem uma adoração idêntica, o cântico da Igreja triunfante não teria sinfonia, mas seria como uma orquestra em que todos os instrumentos tocam a mesma nota. Aristóteles nos disse que uma cidade é uma unidade de diferentes,[15] e Paulo, que um corpo é uma unidade de diferentes membros.[16] O céu é uma cidade e um Corpo porque os bem-aventurados permanecem eternamente diferentes; uma sociedade porque cada um tem algo a dizer a todos os outros: notícias novas e sempre novas do "Deus particular" que cada um encontra nele e a quem todos louvam como "Nosso Deus". Pois, sem dúvida, a tentativa continuamente bem-sucedida, embora nunca concluída, de cada alma de comunicar sua visão única a todas as outras (e por meio da qual a arte e a filosofia terrenas são apenas imitações desajeitadas) também está entre os fins para os quais o indivíduo foi criado.

Pois a união existe apenas entre distintos; e, talvez, desse ponto de vista, tenhamos um vislumbre momentâneo do

---

[15] *Política*, II, 2,4.
[16] 1Coríntios 12:12-30.

Céu

significado de todas as coisas. O panteísmo é um credo não tanto falso, mas irremediavelmente ultrapassado. Uma vez, antes da criação, seria verdade dizer que tudo era Deus. Mas Deus criou: ele fez com que as coisas fossem diferentes de si mesmo para que, sendo distintas, elas pudessem aprender a amá-lo e a alcançar a união em vez de mera igualdade. Assim, ele também lançou seu pão sobre as águas. Mesmo dentro da criação, podemos dizer que a matéria inanimada, que não tem vontade, é uma com Deus em um sentido em que os homens não o são. Mas não é o propósito de Deus que voltemos a essa velha identidade (como, talvez, alguns místicos pagãos gostariam que fizéssemos), mas que devemos ir para a distinção máxima ali a fim de nos reunirmos com ele de uma maneira mais elevada. Mesmo dentro do Próprio Santo, não é suficiente que a Palavra *seja* Deus: ela também deve estar *com* Deus.[17] O Pai na eternidade gera o Filho e o Espírito Santo dele procede: a divindade introduz distinção em si mesma, de modo que a união de amores recíprocos pode transcender a mera unidade aritmética ou a identidade própria.

Mas a distinção eterna de cada alma — o segredo que faz da união entre cada alma e Deus uma espécie em si mesma — nunca vai revogar a lei que proíbe a propriedade no céu. Quanto a seus semelhantes, cada alma, supomos, estará eternamente empenhada em dar a todas as demais aquilo que recebe. E quanto a Deus, devemos lembrar que a alma é apenas um vazio que Deus preenche. Sua união com

---

[17]*João 1:1.

Deus é, quase por definição, um abandono contínuo de si mesma — um abrir, um desvelamento, uma rendição de si mesma. Um espírito bem-aventurado é um molde cada vez mais paciente do metal brilhante derramado nele, um corpo cada vez mais completamente exposto ao brilho meridiano do sol espiritual. Não devemos supor que a necessidade de algo análogo à autoconquista algum dia acabará, ou que a vida eterna não será também um morrer eterno. É nesse sentido que, como pode haver prazeres no inferno (Deus nos proteja deles), pode haver algo não muito diferente das dores no céu (Deus nos conceda em breve prová-las).

Pois na autoentrega, se ocorre em algum lugar, tocamos um ritmo não apenas de toda a criação, mas de todo o ser. Pois a Palavra Eterna também se dá em sacrifício; e isso não apenas no Calvário. Pois quando ele foi crucificado, "fez no clima selvagem de suas províncias periféricas [...] o que ele havia feito em casa, em glória e alegria".[18] Desde antes da fundação do mundo, ele rende a Deidade gerada de volta para gerar a Deidade em obediência. E, assim como o Filho glorifica o Pai, também o Pai glorifica o Filho.[19] E, com submissão, como cabe a um leigo, acho que foi dito com verdade: "Deus não ama a si mesmo como ele mesmo, mas como Bondade; e, se houvesse algo melhor do que Deus, ele amaria àquilo e não a si mesmo".[20] Do mais alto ao mais baixo, o eu existe para ser abdicado e, por essa abdicação,

---

[18] George MacDonald. *Unspoken Sermons*, 3rd Series, p. 11-12.
[19] João 17:1,4,5.
[20] *Theol. Germ.*, XXXII.

torna-se o mais verdadeiro eu, para ser, portanto, ainda mais abdicado, e assim para sempre. Essa não é uma lei celestial da qual podemos escapar permanecendo terrenos, nem uma lei terrena da qual podemos escapar sendo salvos: o que está fora do sistema de autoentrega não é a terra, nem a natureza, nem a "vida comum", mas simplesmente e apenas o inferno. No entanto, até mesmo o inferno deriva dessa lei a realidade que possui. Essa prisão feroz em si mesma é apenas o reverso da autoentrega que é a realidade absoluta, a forma negativa que a escuridão exterior assume ao circundar e definir a forma do real, ou que o real impõe à escuridão por ter uma forma e um caráter positivos próprios.

A maçã dourada[21] da individualidade, lançada entre os falsos deuses, tornou-se uma maçã da discórdia porque eles lutaram por ela. Eles não conheciam a primeira regra do jogo sagrado: todo jogador deve tocar a bola por todos os meios e, imediatamente, passá-la adiante. Ser encontrado com ela nas mãos é uma falta; agarrar-se a ela é morte. Mas quando ela voa de um lado para outro entre os jogadores, rápida demais para que os olhos consigam acompanhá-la, e o grande Mestre em pessoa conduz a festança, dando a si mesmo eternamente às suas criaturas ao gerá-las, e tomando de volta a si mesmo no sacrifício, pela Palavra, então, de fato a dança eterna "acalenta todo o céu com harmonia irresistível".[22] Todas as dores e os prazeres que conhecemos na terra

---

[21]*Maçã dourada é elemento comum a mitologias e lendas antigas de várias culturas, normalmente apresentada como um cobiçável prêmio.
[22]*William Shakespeare, *Trabalhos de amor perdidos*, Ato IV, Cena III (tradução de Carlos Alberto Nunes).

são as primeiras iniciações nos movimentos daquela dança, mas a dança em si é estritamente incomparável com os sofrimentos do tempo presente. À medida que nos aproximamos de seu ritmo não criado, a dor e o prazer quase desaparecem de vista. Há alegria na dança, mas esta não existe por causa da alegria. Nem mesmo existe por causa do bem ou do amor. É o Próprio Amor e o Próprio Bem e, portanto, feliz. Não existe para nós, mas nós para ela. O tamanho e o vazio do universo, que nos amedrontaram no início deste livro, deveriam nos surpreender, pois, embora possam não ser mais do que um subproduto subjetivo de nossa imaginação tridimensional, ainda assim simbolizam uma grande verdade. Tal como nossa Terra está para todas as estrelas, sem dúvida estamos nós, homens, e nossas preocupações para toda a criação; tal como todas as estrelas estão para o próprio espaço, assim estão todas as criaturas, todos os tronos e poderes[23] e os mais poderosos dos deuses criados, para o abismo do autoexistente ser, que é para nós Pai e Redentor e Consolador que em nós habita,[24] mas de quem nenhum homem ou anjo pode dizer ou conceber o que ele é em e para si mesmo, ou qual é a obra que ele "fez desde o princípio até o fim".[25] Pois todos eles são coisas derivadas e insubstanciais. Sua visão lhes falha e eles cobrem os olhos[26] da luz intolerável da realidade absoluta, que foi, é e será, que nunca poderia ser de outra forma, que não tem oposto.

---

[23]*Colossenses 1:16.
[24]*Referência a João 14:16,17,26; Romanos 8:9.
[25]*Eclesiastes 3:11 (ACF).
[26]*Referência a Isaías 6:1-3.

APÊNDICE

(Esta nota sobre os efeitos observados na dor foi gentilmente fornecida pelo doutor R. Havard,[1] graças a sua experiência clínica.)

A dor é uma ocasião comum e definida que pode ser facilmente reconhecida, mas a observação do caráter ou do comportamento é menos simples, menos completa e menos exata, especialmente na relação transitória, se íntima, entre médico e paciente. Apesar dessa dificuldade, certas impressões gradualmente tomam forma no decorrer da prática médica, as quais são confirmadas à medida que se ganha experiência. Um curto ataque de dor física intensa é avassalador enquanto dura. Aquele que a sofre geralmente não é espalhafatoso em suas queixas. Ele implorará por alívio, mas não desperdiçará fôlego elaborando seus problemas. É incomum para ele perder o autocontrole e se tornar violento e irracional. É raro que a dor física mais

---

[1]*Robert Emlyn Havard (1901–1985) foi o médico de C. S. Lewis, de sua esposa, Joy, e de Tolkien. Era também escritor, tendo sido convidado por Lewis a integrar o grupo The Inklings.

severa se torne, neste sentido, insuportável. Quando a dor física curta e intensa passa, não deixa nenhuma alteração óbvia no comportamento. A dor prolongada e contínua tem efeitos mais perceptíveis. Frequentemente é aceita com pouca ou nenhuma reclamação, e grande força e resignação são desenvolvidas. O orgulho é humilhado ou, às vezes, resulta na determinação de ocultar o sofrimento. Mulheres com artrite reumatoide mostram uma disposição tão característica que pode ser comparada à *spes phthisica*[2] do tuberculoso, e talvez se deva mais a uma leve intoxicação da paciente pela infecção do que a um aumento da força de caráter. Algumas vítimas de dor crônica pioram. Elas se tornam queixosas e exploram sua posição privilegiada de inválidas para praticar a tirania doméstica. Mas o que é surpreendente é que esses definhamentos são poucos e os heróis, muitos; existe um desafio na dor física que a maioria pode reconhecer e ao qual pode responder. Por outro lado, uma doença prolongada, mesmo sem dor, esgota tanto a mente quanto o corpo. O inválido desiste da luta e mergulha impotentemente e queixosamente em um desespero de autopiedade. Mesmo assim, alguns, em um estado físico semelhante, preservarão a serenidade e o altruísmo até o fim. Ver isso é uma experiência rara, mas comovente.

A dor mental é menos dramática do que a dor física, mas é mais comum e também mais difícil de suportar.

---

[2]*Expressão latina que designa um estado físico e mental observável em doentes com tuberculose grave, e que se caracteriza por falsa esperança de cura e de aparente bem-estar, associados a uma ligeira agitação.

Apêndice

A tentativa frequente de esconder a dor mental aumenta o fardo: é mais fácil dizer: "Meu dente está doendo" do que dizer: "Meu coração está partido". No entanto, se a causa for aceita e enfrentada, o conflito fortalecerá e purificará o caráter e, com o tempo, a dor geralmente passará. Às vezes, porém, ela persiste, e o efeito é devastador; se a causa não é enfrentada ou não é reconhecida, produz o estado sombrio do neurótico crônico. Mas alguns, graças ao heroísmo, superam até mesmo a dor mental crônica. Frequentemente, eles realizam trabalhos brilhantes e fortalecem, endurecem e aguçam o caráter até que se tornam como aço temperado.

Na verdadeira insanidade, o quadro é mais sombrio. Em todo o reino da medicina, não há nada tão terrível para contemplar como um homem com melancolia crônica. Mas a maioria dos insanos não é infeliz ou, na verdade, cônscio de sua condição. Em qualquer caso, se eles se recuperarem, sofrerão surpreendentemente pouca mudança. Muitas vezes, nada se lembram de sua doença.

A dor oferece uma oportunidade para o heroísmo; a oportunidade é aproveitada com surpreendente frequência.

O problema *da dor*

Outros livros de C. S. Lewis pela THOMAS NELSON BRASIL

A abolição do homem
A anatomia de um luto
A última noite do mundo
Cartas a Malcolm
Cartas de C. S. Lewis
Cartas de um diabo a seu aprendiz
Cristianismo puro e simples
Deus no banco dos réus
George MacDonald
Milagres
O assunto do Céu
O grande divórcio
Os quatro amores
O peso da glória
Reflexões cristãs
Sobre histórias
Todo meu caminho diante de mim
Um experimento em crítica literária

Trilogia Cósmica

Além do planeta silencioso
Perelandra
Aquela fortaleza medonha

Coleção fundamentos

Como cultivar uma vida de leitura
Como orar
Como ser cristão